Seneca

Von der Seelenruhe

Vom glücklichen Leben

Von der Muße

Von der Kürze des Lebens

Lucius Annaeus Seneca

Von der Seelenruhe
Vom glücklichen Leben
Von der Muße
Von der Kürze des Lebens

Aus dem Lateinischen
von Otto Apelt

ANACONDA

Der Text folgt der Ausgabe Lucius Annaeus Seneca: *Philosophische Schriften*. Zweites Bändchen. Der Dialoge zweiter Teil. Buch VII–XII. Übersetzt, mit Einleitungen und Anmerkungen versehen von Otto Apelt. Der philosophischen Bibliothek Band 74. Leipzig: Verlag von Felix Meiner 1923. Der Dialog »Von der Seelenruhe« heißt dort »Von der Gemütsruhe«.

Die Deutsche Nationalbibliothek verzeichnet diese Publikation in der Deutschen Nationalbibliographie; detaillierte bibliographische Daten sind im Internet unter http://dnb.d-nb.de abrufbar.

Umschlagmotiv: Mosaik im Garten der römischen Villa Sileen, in der Nähe von Leptis Magna in Libyen, iStockphoto.com / AmandaLewis
Umschlaggestaltung: Druckfrei. Dagmar Herrmann, Köln
Satz und Layout: InterMedia, Ratingen
Printed in Czech Republic 2010
ISBN 978-3-86647-466-6
www.anacondaverlag.de
info@anaconda-verlag.de

Inhalt

VON DER SEELENRUHE

An Serenus

[Brief des Serenus an Seneca].

1. [Serenus]: Bei innerer Selbstschau, mein Seneca, machten sich mir gewisse Gebrechen bemerkbar, teils sichtlich und offen daliegend, wie mit Händen zu greifen, teils verborgener und versteckter Art, und noch andere, nicht anhaltender Art, sondern stoßweise wiederkehrend, und diese, darf ich sagen, sind die allerlästigsten, gleich streifenden Feinden, die nur die Gunst des Augenblicks zu einem Anfall benutzen, so daß man weder gerüstet sein kann wie im Kriege, noch sorglos wie im Frieden. Und gerade dies ist der Zustand, auf dem ich mich überwiegend ertappe – denn warum sollte ich dir nicht als meinem Arzt die Wahrheit gestehen? – Weder unbedingt frei fühle ich mich von den Fehlern, die ich fürchtete und haßte, noch auch anderseits völlig in ihrer Gewalt. Ich befinde mich also, wenn auch nicht gerade in der schlimmsten, so doch in einer höchst kläglichen und verdrießlichen Lage: ich bin weder krank noch gesund. Und komme mir nicht mit dem Einwand, zu jeder Vortrefflichkeit bilde ein schwacher Ansatz den Anfang, erst die Zeit bringe dauernden und festen Halt. Ich verkenne nicht, daß auch, was auf die äußere Herrlichkeit hin-

arbeitet, wie z. B. auf Ehrenämter, auf den Ruhm der Beredsamkeit, sowie auf alles, was von der Zustimmung anderer abhängt, nur durch geduldiges Ausharren sich durchsetzt – nicht nur, was uns wahre Kraft schafft, sondern auch jene Künste, die, um Gefallen zu erwecken, einer gewissen Schminke bedürfen, erfordern manches Jahr, bis die Länge der Zeit der Farbe allmählich Festigkeit und Dauer verleiht, – allein ich fürchte, daß die Gewohnheit, diese Begründerin einer gewissen Beständigkeit im Verlauf der Dinge, diesen Fehler sich bei mir noch tiefer einwurzeln läßt: langer Umgang macht uns dem Bösen wie dem Guten befreundet. Das eigentliche Wesen dieser zwiespaltigen, weder entschieden zum Rechten noch zum Verkehrten sich neigenden Gemütsschwäche kann ich dir nicht mit *einem* Schlagwort klarmachen, sondern nur durch eine Reihe von Einzelheiten; ich will dir *meine* Zustände schildern; du magst den Namen für die Krankheit finden.

Ich bin großer Freund der Sparsamkeit, ich gesteh' es. Mein Lager soll nicht durch prunkhafte Ausstattung Neid erregen, ich mag nichts wissen von einem Gewand, das man aus einem schmucken Kasten hervorholt und dem man durch aufgelegte Gewichte und tausenderlei Druckmittel einen erzwungenen Glanz gegeben hat; nein ich lobe mir ein einfaches Hauskleid, das weder zum Aufbewahren noch zum Anlegen besondere Sorge erfordert. Meine Mahlzeit soll keiner Dienerschaft bedürfen, weder zur Zubereitung noch zum Aufwarten und Zuschauen; sie soll nicht schon viele Tage vorher bestellt und vieler geschäftiger Hände Werk sein, sondern wohlfeil und leicht beschaffbar, nicht ans fernen Bezugsquellen mit vielen Kosten bereitet, sondern überall erhältlich, weder dem Vermögen noch dem Körper schädlich, nicht von der Art, daß sie den Eingangsweg auch zum Ausgangsweg hat.

Zum Diener wünsche ich mir einen schlichten Naturburschen, zudem wuchtiges Silbergeschirr, wie es mein das Landleben liebender Vater hatte, ohne aufgeprägten Künstlernamen, einen Tisch, der nicht durch reiche Maserung die Augen auf sich zieht und durch häufigen Besitzwechsel unter Prachtliebhabern stadtbekannt ist, sondern dem schlichten Gebrauche dienend, ohne eines Gastes besonderes Wohlgefallen zu erwecken oder seinen Neid zu erregen.

Doch so sehr ich mich dadurch befriedigt fühle, so werde ich doch an mir selbst wieder irre, wenn ich den Blick werfe auf die stattlichen Einrichtungen mancher großen Herren zur Ausbildung von Sklavenknaben, auf die tadellose Kleidung der Dienerschaft mit den Goldstickereien, prächtiger als bei Prozessionen, und auf die Schar strahlender Sklaven, ferner auf ein Haus, dessen Fußboden schon eine Kostbarkeit ist, das in allen Winkeln von Reichtum strotzt, ja dessen Dach sogar durch seinen Glanz die Blicke auf sich lenkt; dazu der Volkshaufe, der das durch die verschwenderische Pracht dem Ruin geweihte Erbgut umlagert und sich zur Begleitung aufdrängt. Dazu die Bewässerungsanlagen, die mit ihrem spiegelklaren Wasser den Speisesaal umrahmen! Was bedarf es weiterer Worte darüber sowie über die Mahlzeiten selbst, die dem Glanz dieser Aufmachungen entsprechen? Wenn ich so aus einer vermoderten Häuslichkeit komme, dann hat der Glanz dieser Prachtentfaltung etwas Verführerisches für mich und umgaukelt mich von allen Seiten, dann flimmert's mir vor den Augen, und eher noch kann ich mich *innerlich* fassen als den Blick erheben. So trete ich also den Rückzug an, nicht schlechter geworden, wohl aber betrübter, und bewege mich inmitten meiner armseligen Umgebung nicht mehr so selbstbewußt; ich fühle leise Gewissensbisse, und es beschleicht mich der Zweifel, ob jenes nicht vorzuziehen sei; nichts davon macht mich zu einem anderen Menschen, aber alles dies rüttelt doch an mir.

Ich entschließe mich, den Anweisungen meiner Lehrer zu folgen und mich mitten in den Strudel der Staatsgeschäfte zu stürzen. Dazu verleitet mich nicht etwa das Verlangen nach Ehrenstellen, nach dem Konsulat, nach Purpur oder Rutenbündeln, sondern der Wunsch, meinen Freunden, meinen Verwandten und allen meinen Mitbürgern, ja der ganzen Menschheit mich dienlicher und nützlicher zu machen. Festen Entschlusses und besonnen folge ich dem Zeno, dem Kleanthes, dem Chrysippus, von denen indes doch keiner selbst sich auf Staatsgeschäfte einließ, obschon jeder von ihnen dazu mahnte. Hat irgendetwas mein Gemüt, das keine starken Stöße verträgt, erschüttert, begegnet mir, wie das im Leben so häufig der Fall ist, irgend etwas, was mir wider den Mann geht, oder will eine Sache nicht recht von der Stelle rükken, oder fordern irgendwelche Lappalien einen unverhältnismäßigen Zeitaufwand, dann wende ich mich der Muße zu, und dabei geht es mir wie den Tieren, selbst wenn sie ermüdet sind: der Schritt nach der Heimstätte ist schneller; ich schließe mich behaglich in meine vier Wände ein: »Niemand soll mir fortab einen Tag rauben, denn er kann mir nichts geben, was an Wert dem entspräche: der Geist vertiefe sich ganz in sich selbst, widme sich ganz dem eigenen Dienste, treibe nichts, was sich nicht auf ihn bezieht, nichts, was vor den Richter gehört; alles Verlangen sei nur auf die Ruhe gerichtet, die von Sorgen für Staat oder einzelne Bürger nichts weiß.«

Aber wenn dann wieder eine kräftigere Lektüre den Mut aufgerichtet und leuchtende Beispiele anstachelnd gewirkt haben, dann regt sich wieder der Trieb nach dem Forum: dem einen möchte ich meine Stimme leihen, dem anderen meine Dienste, um, wenn es auch nichts nützt, doch wenigstens den Versuch zu machen, ihm zu nützen; auch den Übermut mancher im Glück sich Überhebenden möchte ich dort vor aller Öffentlichkeit demütigen.

Was die Studien anlangt, so meine ich, es sei wahrlich besser, die Dinge selbst scharf ins Auge zu fassen und um ihrer willen zu reden, die Worte aber aus der Sache hervorwachsen zu lassen, dergestalt, daß der frei gestaltete Vortrag den Anforderungen der Sache folgt. »Wozu bedarf es denn schriftlich ausgearbeiteter Reden? Was hat es denn auf sich mit deinem Streben, die Nachwelt nicht über dich schweigen zu lassen! Zum Sterben bist du geboren, ein stilles Leichenbegängnis erfordert weniger Umständlichkeiten. Daher bringe, um Zeit zu gewinnen, zum eigenen Nutzen, nicht zum tönenden Nachruhm, in einfacher Schreibart etwas zu Papier; wer für das Erfordernis des Tages schreibt, der erspart sich unnötige Mühe.«

Hat sich dann aber der Geist durch erhebende Gedanken wieder aufgerichtet, dann ist er ehrgeizig auf die

Fassung der Worte bedacht, und seinem höheren Fluge entspricht auch das Verlangen nach eindrucksvollem Ausdruck und nach einer der Würde der Sache angemessenen Darstellung. Dann setze ich mich über Vorschrift und beschränkende Regel hinweg, überlasse mich einem höheren Schwung und rede gleichsam eine höhere Sprache.

Ich will nicht weiter ins Einzelne eingehen. Diese Unbeständigkeit einer an sich guten Sinnesweise werde ich in keiner Lebenslage los; ja ich fürchte, daß ich allmählich ganz vom Wege abkomme, oder, was noch besorgniserregender ist, daß ich einem Schwebenden gleiche, der herabfallen muß, oder daß es vielleicht noch schlimmer steht als es meinem Blicke erkennbar ist. Denn was uns selbst betrifft, das sehen wir immer mit parteiischem Auge an, und Voreingenommenheit schadet immer dem Urteil. Ich glaube, viele hätten zur Weisheit gelangen können, wenn sie nicht geglaubt hätten, sie hätten sie schon erreicht, und wenn sie sich nicht manche Fehler selbst verhehlt hätten, manche auch mit offenen Augen übersehen hätten. Denn man glaube ja nicht, es sei mehr fremde Schmeichelei als unsere eigene, die uns zugrunde richte. Wer wagt es, sich selbst die Wahrheit zu sagen? Wer hätte nicht mitten im umgebenden Gedränge von Lobhudlern und Schmeichlern sich selbst doch am meisten geschmeichelt? Ich bitte dich also: wenn du ein Mittel hast, diesen meinen schwankenden Zustand zum Stillstand zu bringen, so halte mich für wert, dir meine Ruhe verdanken zu dürfen. Ich weiß: diese meine Gemütsschwankungen sind nicht gefährlicher Art und arten nicht ins Stürmische aus. Soll ich durch ein der Sachlage wirklich entsprechendes Bild das, worüber ich klage, dir zum Ausdruck bringen: es ist nicht ein Sturm, der mich schüttelt, sondern die Seekrankheit. Wie es auch immer damit stehen mag, befreie mich von dem Übel und leiste mir Hilfe, der ich, das Land vor Augen, Not leide.

2. [Seneca]: Glaube mir, mein Serenus, lange schon suche ich selbst im stillen mir die Frage zu beantworten, womit ich einen Gemütszustand wie den deinigen etwa vergleichen könnte, und ich finde kein passenderes Seitenstück dazu, als den Zustand derer, die nach überstandener langer und schwerer Krankheit ab und zu von kleinen Störungen und leichten Anfällen heimgesucht werden und, selbst wenn sie auch die Rückstände der eigentlichen Krankheit bereits überwunden haben, sich doch noch von Argwohn beunruhigt fühlen und, schon genesen, sich doch noch von den Ärzten den Puls fühlen lassen und in jeder Steigerung ihrer Körperwärme Anlaß zu allerhand Quengeleien finden. Bei ihnen, mein Serenus, steht es nicht etwa so, daß der Körper nicht völlig gesund wäre, nein! er hat sich nur noch nicht hinreichend an die Gesundheit gewöhnt: so zeigt auch das ruhige Meer noch eine gewisse zitternde Bewegung, wenn der Sturm sich gelegt hat. Es bedarf also bei dir nicht jener kräftigeren Mittel, über die wir bereits hinaus sind; du brauchst nicht dir selbst schroff entgegenzutreten, brauchst nicht in Zorn gegen dich auszubrechen, brauchst nicht die derbsten, die strengsten Seiten hervorzukehren, sondern mußt, was allerdings erst zuletzt kommt, dir selbst vertrauen und glauben, daß du auf dem rechten Wege seiest, unbeirrt durch die nach allen möglichen Seiten hinwei-

senden Spuren zahlreicher anderer, darunter auch solcher, die überhaupt wie blind umhertappen. Das, wonach du sehnlichstes Verlangen trägst, ist aber etwas Großes, Erhabenes, nahezu Göttliches, nämlich Unerschütterlichkeit. Diese Bestandesfestigkeit der Seele nennen die Griechen Euthymia (Wohlgemutheit), über die es eine vortreffliche Schrift des Demokrit gibt. Ich nenne sie Gemütsruhe, denn es ist nicht nötig, die Worte formgetreu nachzuahmen und zu übertragen; die Sache selbst, um die es sich handelt, muß mit einem passenden Ausdruck bezeichnet werden, der die griechische Benennung der Bedeutung nach wiedergibt, nicht der äußeren Form nach.

Unsere Frage geht also dahin, wie man der Seele zu einem gleichmäßigen und heilsamen Gange verhelfen kann, dergestalt, daß sie in bestem Einvernehmen mit sich stehe und ihre Freude an sich selbst habe und diese Freude nicht unterbreche, sondern immer im Zustand friedlicher Ruhe verharre, sich weder überhebend noch sich herabwürdigend: das wird das Wesen der Gemütsruhe ausmachen. Wie man dazu gelangen könne, will ich im allgemeinen untersuchen: Du wirst dir aus dieser allgemeinen Anweisung herausnehmen, was du für dich gut findest. Doch muß das Übel im ganzen ans Licht gezogen werden; jeder kann sich dann seinen Teil daraus entnehmen. Zugleich wirst du daraus ersehen, wieviel geringere Not du mit deiner Selbstquälerei hast als die, welche gefesselt durch den Glanz einer hohen Stellung und belästigt durch die Verpflichtungen eines hohen Titels, mehr durch ein gewisses schamhaftes Ehrgefühl als durch wirkliche Neigung in ihrer Gleisnerei festgehalten werden.

Alle sind sie in der nämlichen Lage, sowohl die vom Leichtsinn Besessenen wie die vom Überdruß und von beständiger Veränderungssucht Geplagten, denen immer das besser gefällt, was sie aufgegeben haben, nicht minder die Faulenzer und Tagediebe. Ihnen reihen sich noch die an, die, wie die schwer Einschlafenden, sich hin und herwälzen und sich bald auf die eine, bald auf die andere Seite werfen, bis sie endlich vor Müdigkeit Ruhe finden; der beständige Wechsel ihrer Lebensweise führt dann dahin, daß sie endlich bei derjenigen stehen bleiben, bei der nicht etwa der Widerwille gegen Veränderung, sondern das Alter sie festhält, das nicht mehr die Regsamkeit zu Neuerungen hat; dazu gesellen sich noch die, deren geringe Beweglichkeit nicht etwa auf Charakterfestigkeit zurückzuführen ist, sondern auf Schlendrian: sie leben nicht eigentlich, wie sie wollen, sondern wie sie einmal angefangen haben. Daneben gibt es noch unzählige Spielarten; aber die Wirkung des Fehlers kommt auf dasselbe hinaus, auf das Mißfallen an sich selbst. Dies Mißvergnügen hat seinen Grund in der Ungebärdigkeit des Seelenzustandes und in den begehrlichen Trieben, die entweder nicht entschieden genug oder erfolglos sind: es fehlt entweder an dem der Höhe der Wünsche entsprechenden Wagemut oder an der Gunst des Schicksals zur Erreichung derselben; man stellt seine Rechnung immer ganz und gar auf die Zukunft – eine ewige Unrast, ein beständiges Schwanken, wie es unausbleiblich ist in solchen Schwebezuständen! Immer sind es nur die eigenen Wünsche, wodurch diese Leute sich bestimmen lassen; ja, das Unehrbare und schwer zu Erreichende wird für sie ein Gegenstand der Selbstbelehrung und des Zwanges; und erweist sich alle Mühe als erfolglos, so quält sie das Unwürdige ihrer vergeblichen Anstrengungen, und es schmerzt sie, nicht etwa, daß sie Verwerfliches, sondern daß sie es vergebens gewollt haben. Da werden sie denn von Reue gepackt über ihr Beginnen und von Angst vor einem neuen Anfang, und es stellt sich jener schwankende Gemütszustand ein, der keinen Ausweg findet, weil sie ihre Begierden weder zu beherrschen noch ihnen nachzugeben vermögen; daher denn auch die Hemmung des einer festen Entscheidung unfähigen Lebens und das Einrosten der inmitten vereitelter Wünsche erstarrenden Geisteskraft.

Das alles wird noch drückender, wenn sie aus Haß gegen das ihnen zu so großem Unheil ausschlagende Geschäftsleben ihre Zuflucht zur Muße nehmen, zu weltfremden Studien, die sich nicht vertragen mit einer von vornherein auf staatsmännische Tätigkeit angelegten Sinnesart, der es aufs Handeln ankommt und der die Unruhe natürliches Bedürfnis ist; hat sie doch in sich zu wenig, was ihr Trost gewähren könnte. Werden einem so Gearteten die erfrischenden Anregungen entzogen, die das Geschäftsleben mit all seinem bunten Hin und Her ihm gewährt, so kann er sich mit dem Haus, mit der Einsamkeit, mit seinen vier Wänden nicht zufrieden geben: es macht ihm Unbehagen, sich sich selbst überlassen zu sehen. Daher denn jener Widerwille, jenes Mißfallen an sich selbst, jenes Hin- und Herschwanken des nirgends einen festen Halt findenden Gemütes; daher jenes trübselige und krankhafte Sichhinschleppen in der Muße; schämt er sich vollends, die Ursachen seines Unbehagens einzugestehen, treibt ihn also die sittliche Scheu, die Qualen sich ganz nur in seinem Inneren abspielen zu lassen, dann erwürgen sich die so in die Enge getriebenen Leidenschaften, vergebens nach einem Ausweg suchend, einander selbst. Daher die Trübseligkeit, die Mattigkeit, das tausendfältige Hin- und Herschwanken der ihrer Selbstgewißheit völlig verlustig gegangenen Seele, die, wenn sich Hoffnungen auftun, gleich oben hinaus will, sind sie fehlgeschlagen, dann in Verzagtheit und Trauer versinkt; daher die Stimmung, die sie dazu bringt, ihre Muße zu verwünschen und zu jammern, daß sie nichts mehr zu tun haben, daher der grimmige Neid über das Emporkommen anderer. Denn die Scheelsucht wird genährt durch den unseligen Müßiggang: man wünscht allen den Sturz, weil man sich selbst nicht in die Höhe bringen konnte; aus diesem Widerwillen gegen die Fortschritte anderer und der Verzweiflung am eigenen Fortkommen entspringt dann der Ingrimm gegen das Schicksal, der über den Zeitgeist jammert, sich Zu verstecken sucht und über seine eigene Strafe hinbrütet, in Scham und Verdruß über sich selbst. Denn von Natur ist der menschliche Geist voll Regsamkeit und Bewegungsbedürfnis. Jede Gelegenheit sich zu regen und aus sich selbst herauszutreten ist ihm willkommen, am willkommensten den durchtriebensten Geistern, die ihre Freude daran finden, sich von einem Geschäft ins andere zu stürzen. Wie gewisse Geschwüre es an sich haben, nach an sich ihnen schädlichen Betastungen zu verlangen, und es begrüßen, wenn eine Hand sie ihnen gewährt, und wie die häßliche Krätze am Körper ein wahres Entzücken empfindet, wenn man sie durch Reiben reizt, ebenso, möchte ich behaupten, sind den Geistern, an denen Leidenschaften wie böse Geschwüre ausbrechen, Mühe und Plackereien ein Genuß. Gibt es ja doch mancherlei, was auch unserem Körper Lust und Schmerz zugleich bereitet, zum Beispiel, sich im Liegen umzudrehen und sich auf die noch nicht müde Seite zu legen und wechselnd bald diese, bald jene Lage zu wählen, wie Achilles bei Homer, der sich bald auf die Brust, bald auf den Rücken legt und sich selbst die verschiedensten Lagen gibt nach Art des Kranken, der es nicht in *einer* Lage aushält und jede Veränderung wie eine Erlösung begrüßt.

Auch Reisen unternimmt man dahin und dorthin, durchwandert auch das Küstengelände, und bald zu Wasser bald zu Lande versucht sich der dem Gegenwärtigen immer abholde Veränderungsdrang. »Jetzt ist Kampanien die Losung.« Doch nicht lange, so hat man die Überkultur satt. »Urwüchsiges Gelände laßt uns beschauen, durchwandern wir denn die Bergwaldungen Bruttiums und Lukaniens.« Doch inmitten dieser Einöden darf es auch nicht an einer erfreulichen Entschädigung fehlen, an einem Ort, wo verwöhnte Augen sich wieder erholen können von dem schaurigen Blick auf grauenhaft wilde Länderstrecken. »Auf denn, nach Tarent mit seinem gefeierten Hafen, mit seinem milden Winter, eine Gegend, die selbst für die große Masse der Bevölkerung reichlichen Ertrag lieferte.« Gar zu lange schon hat das Ohr auf das Beifallklatschen und das Jubelgetöse verzichten müssen; es regt sich wieder die Lust, auch Menschenblut (im Zirkus) fließen zu sehen: »Laßt uns also den Kurs wieder auf Rom richten.« Eine Reise folgt auf die andere, ein Schauspiel auf das andere, wie Lukrez sagt:

So sucht jeder die Flucht vor sich selbst.

Aber was hilft es, wenn er sich nicht selber entfliehen kann? Er folgt sich selbst und ist sein eigener lästigster Begleiter. Es ist also – darüber müssen wir uns klar sein, nicht des Ortes Schuld, sondern unsere eigene, unter der wir leiden: wir ermangeln der Kraft, alles zu erdulden, weder mit Mühsal noch mit Lust, weder mit uns noch mit irgend einer Sache können wir auf die Dauer uns abfinden. Manche hat das in den Tod getrieben, daß sie, ihren Vorsatz häufig ändernd, doch immer wieder auf das Nämliche zurückkamen und zu nichts Neuem mehr kommen konnten: sie wurden des Lebens und der Welt überdrüssig, und es drängte sich ihnen auf die Lippe die Frage der heillosen Genußmenschen: »Ach, wie lange noch immer wieder dasselbe?«

3. Du fragst, wie man meiner Ansicht nach diesem Lebensüberdruß abhelfen könne. Das beste wäre, wie Athenodorus sagt, wenn man sich dem tätigen Leben, den Aufgaben des Staates und den bürgerlichen Pflichten widmete. Denn wie manche in der Sonnenhitze mit Kraftübungen und Ertüchtigung des Körpers den ganzen Tag hinbringen, wie z. B. für die Athleten es weitaus das zweckmäßigste ist, fast ihre ganze Zeit auf Kräftigung ihrer Arme und ihres Körpers als auf ihre ausschließliche Lebensaufgabe zu verwenden, so ist es für euch, die ihr euch die Angelegenheiten des öffentlichen Lebens zum Kampffeld für euere Geisteskraft erwählt habt, weitaus das beste, bei dieser einzigen Aufgabe es bewenden zu lassen. Denn hat man sich einmal vorgenommen, sich seinen Mitbürgern und Mitmenschen nützlich zu erweisen, so ist es die beste Schulung und zugleich Forderung,

wenn man sich mitten in den Strudel des Geschäftslebens hineinstürzt und nach Kräften dem Gemeinwesen wie dem Einzelnen dient. »Aber bei dem wahnwitzigen Ehrgeiz der Menschen, sagt man, und bei der Menge der Verleumder, die Recht in Unrecht verdrehen, entbehrt die schlichte Ehrlichkeit des nötigen Schutzes, und immer hat man mehr mit Hemmung als mit Erfolg zu rechnen; darum muß man sich vom Forum und von der Öffentlichkeit zurückziehen; aber wirkliche Geistesgröße hat auch im Privatleben Raum genug, sich zu entfalten. Steht es doch mit den Menschen nicht wie mit den Löwen und wilden Tieren, deren Ungestüm durch Käfige unschädlich gemacht wird: ihre Wirksamkeit ist gerade in der Zurückgezogenheit am größten. Wer aber in solcher Verborgenheit lebt, der muß bei aller Abgeschiedenheit seines der Muße gewidmeten Lebens stets von dem Willen beseelt sein, den Einzelnen wie der Menschheit überhaupt durch sein Talent, sein Wort, seinen Rat zu nützen; erweist sich doch auch dem Staate nicht etwa bloß der nützlich, der Amtskandidaten dem Volke vorstellt, der Angeklagte verteidigt und über Krieg und Frieden sein Urteil abgibt, sondern auch, wer die Jugend zum Guten aufrüttelt, wer bei dem großen Mangel an tüchtigen Lehrern die Seelen der Tugend zugänglich macht, wer dem Rennen des Menschen nach Geld und Genuß sich nach Kräften entgegenstemmt und, wenn nichts anderes, es doch wenigstens aufhält – der wirkt bei aller Zurückgezogenheit doch für das öffentliche Wohl. Oder leistet etwa derjenige mehr, der als Richter zwischen Fremden und Bürgern oder als städtischer Prätor den Parteien in feierlichem Tone das Urteil verkündigt, als der, welcher Auskunft darüber gibt, was die Gerechtigkeit sei, was die Frömmigkeit, was die Geduld, was die Tapferkeit, was die Todesverachtung, was die Göttererkenntnis, eine wie hohe Stellung unter allen Gütern, die umsonst zu haben sind, ein gutes Gewissen einnehme? Wenn du also deine Zeit auf Studien verwendest, die du der Geschäftstätigkeit entziehst, so bedeutet das nicht, daß du abtrünnig geworden bist oder ein Amt ausgeschlagen hast; leistet doch auch nicht nur der Kriegsdienste, der in Reihe und Glied steht und den rechten oder linken Flügel verteidigt, sondern auch der, welcher die Tore beschützt und einen zwar weniger gefahrvollen, aber doch nicht müßigen Posten inne hat, der des Wachtdienstes wartet und die Aufsicht über das Zeughaus führt, Dienstleistungen, die zwar kein Blut kosten, aber doch als Kriegsjahre angerechnet werden. Hältst du es mit den wissenschaftlichen Studien, dann bist du vor jedem Lebensüberdruß sicher, und du wirst dir nicht aus Überdruß am Tageslicht die Nacht herbeiwünschen; weder dir selbst wirst du zur Last, noch anderen entbehrlich sein; du wirst einen zahlreichen Freundeskreis gewinnen, dem gerade die Besten sich anzuschließen Verlangen tragen. Denn niemals bleibt Vortrefflichkeit verborgen, mag sie auch noch so wenig an die Öffentlichkeit gekommen sein; sie läßt es nicht an Erkennungszeichen fehlen: jeder feinere Geist wird sie an ihren Spuren zu erkennen wissen. Denn wenn wir allem Verkehr entsagen und der ganzen Menschenwelt den Rücken kehren und uns um nichts kümmern als um uns selbst, so wird sich als Folge dieser Vereinsamung, die jedes ernsten Strebens bar ist, die Verlegenheit einstellen, daß man nicht weiß, womit man sich beschäftigen soll.

Wir werden also darauf verfallen, hier ein Gebäude zu errichten, dort eines niederzureißen, hier das Meer durch Aufschüttungen weiter hinauszurücken, dort das Wasser trotz aller Geländeschwierigkeiten künstlich herbeizuleiten und mit der Zeit, auf deren Verwendung uns die Natur angewiesen hat, ein verwerfliches Spiel zu treiben: die einen gehen geizig mit ihr um, die anderen verschwenderisch; die einen verwenden sie so, daß sie Rechenschaft darüber ablegen, die anderen so, daß jede Spur davon verflogen ist – die denkbar schimpflichste Verwendungsweise! Oft hat ein hochbetagter Greis keinen anderen Beweis für die Länge seines Lebens als die Summe seiner Jahre.«

4. Was mich betrifft, mein lieber Serenus, so will es mir scheinen, als hätte Athenodoros zu viel Gewicht auf die Zeitumstände gelegt und den Rückzug zu schnell angetreten. Ich will zwar nicht leugnen, daß man ab und zu den Rückzug antreten müsse, aber bedächtigen Schrittes und ohne Preisgeben der Feldzeichen, unter Wahrung der soldatischen Ehre; diejenigen haben mehr Achtung und Sicherheit seitens ihrer Feinde zu erwarten, die mit den Waffen in der Hand sich zu Verhandlungen einfinden. Folgendes Verhalten dürfte meines Erachtens der Mannhaftigkeit und dem, der sich ihrer befleißigt, ziemen: Wenn das Schicksal die Übermacht hat und uns die Möglichkeit zur Fortsetzung unserer Tätigkeit abschneidet, so darf man nicht sofort den Rücken wenden und wehrlos fliehend einen Schlupfwinkel suchen, als gäbe es irgend einen Ort, wohin uns das Schicksal nicht verfolgen könnte, sondern man ziehe seiner Wirksamkeit zunächst

engere Grenzen und suche mit Auswahl etwas ausfindig zu machen, wodurch man sich dem Staate nützlich erweisen kann. Der Kriegsdienst ist einem verschlossen, nun, so bewerbe man sich um Ehrenstellen; man muß als Privatmann leben, gut, so versuche man es als Redner; ist einem das Reden verboten, so stelle man sich als stummer Anwalt in den Dienst seiner Mitbürger; ist schon das bloße Betreten des Forums gefährlich für einen, so übernehme er in den Häusern, im Theater, bei Gastmahlen die Rolle des guten Gesellschafters, des treuen Freundes, des maßvollen Gastes; ist ihm der Kreis der bürgerlichen Tätigkeit verschlossen, so zeige er sich wirksam als Mensch. Darum haben wir mit edler Beherztheit uns nicht in die Mauern einer einzelnen Stadt eingeschlossen, sondern die ganze Welt zu unserem Verkehrsfeld gemacht und uns zum Weltbürgertum bekannt, um so der Tüchtigkeit einen weiteren Spielraum zu schaffen. Ist dir der Gerichtshof und die Rednerbühne oder die Volksversammlung verschlossen, so schaue rückwärts auf die weiten Länderstrecken, auf die zahlreichen Völkerschaften; niemals wird das dir verschlossene Gebiet so umfangreich sein, daß nicht noch ein größeres für dich übrig bliebe. Doch wer weiß, vielleicht trifft dich selbst die ganze Schuld; denn du willst nicht anders denn als Konsul oder als Prytane oder als Keryx oder als Sufet dem Staate dienen. Wie? Willst du etwa auch Kriegsdienst tun nur als Feldherr oder als Tribun? Mögen auch andere im Vorderglied stehen und mag das Los dich in das dritte Glied (zu den Triariern) gestellt haben, du mußt auch da mit Wort, Mahnung, Beispiel, Mut dich als Soldat bewähren. Auch nach Verlust seiner Hände hat jener Krieger Mittel und Wege gefunden, um der Sache der Seinen zu nützen: er harrt aus auf seinem Platz und hilft durch seinen Zuruf. Dem ähnlich mußt du handeln: wenn das Schicksal dir den ersten Platz im Staate versagt, so wanke und weiche doch nicht von der Stelle: hilf durch Zuruf, und hat man dir den Mund gestopft, so wanke und weiche doch nicht: hilf durch Schweigen. Niemals ist das Bemühen eines tüchtigen Bürgers nutzlos: dadurch, daß man ihn hört oder sieht, durch Blick, Wink, stummes Beharren, ja durch seinen Gang schon macht er sich nützlich. Wie manches Heilkraut, ohne daß man es kostet oder berührt, durch den bloßen Geruch schon wirkt, so spendet die Tugend schon aus der Ferne und aus der Verborgenheit ihren Segen. Wer in ihrem Dienste steht, mag er nun frei umherwandeln und ganz nach seinem Belieben über sich verfügen oder in seinen Entschließungen von anderen abhängig sein und nicht mit vollen Segeln fahren, mag er in stiller Zurückgezogenheit weilen und in engbegrenztem Kreis oder öffentlich wirken, gleichviel in welcher Lage er ist: er macht sich überall nützlich. Kannst du wirklich glauben, das Beispiel eines der edelen Muße sich hingebenden Mannes gewähre keinen erheblichen Nutzen? Gewiß nicht. Darum ist es weitaus das beste, die Geschäfte zeitweise mit der Muße zu vertauschen, wenn das tätige Leben durch zufällige Hindernisse oder durch die Lage des Staates gehemmt wird; denn niemals ist alles dermaßen abgesperrt, daß für keine edle Handlung mehr Raum wäre.

5. Kannst du einen Staat finden, der in einem elenderen Zustande gewesen wäre als der der Athener zu jener Zeit,

als die dreißig Tyrannen ihr Unwesen mit ihm trieben? Dreizehnhundert Bürger, darunter die besten, hatten sie umgebracht, und das war ihnen noch nicht genug, sondern die Grausamkeit reizte sich selbst nur noch mehr auf. In dem Staate, in dem es einen Areopag gab, dies hochheilige Gericht, in dem es einen Senat (Ratsversammlung) gab und ein Volk, dem Senate ähnlich, versammelte sich Tag für Tag das verwünschte Henkerkollegium, und das unselige Rathaus war nicht geräumig genug für die Tyrannen. Konnte ein Staat zur Ruhe kommen, in dem es so viele Tyrannen gab als ausreichend gewesen wären für die Trabantenschar? Ja, auch jede Hoffnung auf Wiedererlangung der Freiheit war den Geängstigten versagt, und kein Ausweg aus so überwältigendem Unheil tat sich ihnen auf: denn woher sollten dem unglücklichen Staate so viele Harmodios erstehen? Doch inmitten dieses Elendes gab es einen Sokrates, der die trauernden Väter tröstet und die am Staate Verzweifelnden aufzurichten suchte und den Reichen, die für ihr Vermögen zitterten, das Gewissen schärfte ob der zu späten Reue über ihre heillose Habsucht und ein glänzendes Muster war für jeden, der gewillt war ihm nachzueifern, da er, den Gewaltherren zum Trotz sich, frei unter ihnen bewegte. Über ihn jedoch hat Athen selbst im Kerker den Tod ergehen lassen: die Freiheit wollte sich die Freiheit dessen nicht gefallen lassen, der unbehelligt der Schar der Tyrannen getrotzt hatte. Daraus magst du dir die Lehre entnehmen, erstens, daß ein Weiser auch in einem schwer darniederliegenden Gemeinwesen Gelegenheit findet, sich hervorzutun, nicht minder aber auch die, daß in einem blühenden und glücklichen Staate Geld, Neid und tausend andere Untugenden ohne Waffen die Herrschaft führen. Je nach der Lage des Staates also, je nach der Gunst oder Ungunst des Schicksals werden wir entweder uns recken oder uns ducken, auf alle Fälle aber uns immer in Bewegung halten und nicht unter dem lähmenden Einfluß der Furcht in Starrheit verfallen. Nein, der nur ist mir ein Mann, der rings von Waffen umstarrt und von klirrenden Ketten, seiner Mannhaftigkeit keinen Abbruch tun läßt und sie den Blicken entzieht; denn sich retten heißt nicht sich begraben. Curius Dentatus hatte gewiß recht, wenn er sagte, er wolle lieber tot sein als wie ein Toter leben; es gibt kein schlimmeres Unheil, als aus der Zahl der Lebenden auszutreten, ehe man stirbt. Allein, wirft einen der Zufall in eine der Wirksamkeit abholde Zeit des staatlichen Lebens, dann muß man darauf bedacht sein, sich mehr der Muße und den Wissenschaften zu widmen und muß ähnlich wie auf einer gefahrvollen Seefahrt alsbald im Hafen Zuflucht suchen und nicht warten, bis die Umstände die Trennung erzwingen, sondern selbst sich von ihnen trennen.

6. Das erste, was wir tun müssen, ist, uns selbst genau zu prüfen, sodann die Geschäfte, denen wir uns widmen wollen, und drittens die Leute, für die oder mit denen wir uns zu tun machen.

Vor allem ist es nötig, unsere eigenen Kräfte genau abzuschätzen; denn gewöhnlich überschätzen wir unsere Kraft: der eine kommt zu Fall durch das blinde Vertrauen auf seine Beredsamkeit, der andere überschätzt sein ererbtes Vermögen und gerät darüber in Schulden, ein dritter mutet in rastlosem Diensteifer seinem schwächlichen

Körper zu viel zu. (Es ist zu erwägen, ob deine Natur geeigneter ist für das Geschäftsleben oder für ruhige Studien und für die Beschaulichkeit, und du mußt dich dem zuwenden, wohin die Eigenart deiner Begabung dich zieht – Isokrates führte den Ephorus eigenhändig vom Forum weg, weil er von ihm mehr erwartete, wenn er sich der Geschichtschreibung zuwendete – denn der Geisteszwang wirkt meist lähmend, alle Mühe ist umsonst, wenn die Natur widerstrebt.) Bei manchen ist die Schüchternheit ein Hemmnis für den Staatsdienst, der eine feste Stärke erfordert; andere macht ihr Starrsinn ungeeignet für den Hof; wieder andere können ihren Zorn nicht bemeistern, und jede Verstimmung reißt sie zu unbesonnenen Äußerungen hin; der oder jener Witzling versteht sich nicht genug zu beherrschen und kann gefährliche Spaße und Einfälle nicht bei sich behalten. Für alle diese taugt die Ruhe mehr als das Geschäftsleben; eine stürmische und leidenschaftliche Natur tut gut, den Reizungen einer für sie bedrohlichen Freiheit auszuweichen.

Ferner sind die Gegenstände, denen wir uns berufsmäßig widmen wollen, ihrerseits genau zu prüfen und unsere Kräfte mit den Anforderungen zu vergleichen, die diese Gegenstände an uns machen werden. Denn immer muß der Handelnde mehr Kraft haben als das Behandelte: die Last, die größer ist als die Kraft des Tragenden, muß uns notwendig zu Boden drücken. Auch gibt es manche Geschäfte, die nicht sowohl groß als reich an Nachwuchs sind und viele weitere Geschäfte nach sich ziehen. Auch die muß man meiden, die eine ganz neue und verwickelte Art von Beschäftigung zur Folge haben; auch darf man sich nicht an Dinge machen, die einem nicht den freien Rückzug gestatten. An diejenigen muß man Hand anlegen, deren Abschluß man erreichen oder wenigstens erhoffen kann; was im weiteren Verlauf immer Weiteres nach sich zieht und über das vorgesteckte Ziel hinausführt, davon soll man die Hand lassen.

7. Was die Menschen anlangt, mit denen man es zu tun hat, so ist eine Auswahl ganz unerläßlich. Man frage sich: Sind sie es wert, daß wir einen Teil unserer Zeit an sie wenden? Kommt, was wir an Zeit dadurch verlieren, ihnen wirklich auch zugute? Gibt es doch manche, die unsere Freundlichkeiten gegen sie uns als einen Schuldposten an sie anrechnen. Athenodorus sagte, er werde sich nicht einmal zur Tafel einfinden bei einem, der sich ihm dafür nicht als Schuldner fühle. Du sagst dir wohl selbst, daß er noch viel weniger sich bei solchen als Gast einfinden würde, die mit einer Einladung zur Tafel einen Freundschaftsdienst in gleichwertiger Münze bezahlt zu haben meinen, die die Trachten ihrer Speisen als Ehrengeschenke anrechnen, als ob sie mit solchen Prunkleistungen anderen eine Ehrung erwiesen. Nimm ihnen Zeugen und Zuschauer, und mit der Freude an ihrer vereinsamten Garküche wird es vorbei sein.

Nichts aber macht uns mehr Freude als treue und herzliche Freundschaft. Was für ein Segen ist es, treue Seelen um dich zu haben, denen du jedes Geheimnis sicher anvertrauen kannst, deren Mitwissen du weniger zu fürchten brauchst als dein eigenes, deren Äußerungen deinen Kummer lindern, deren Urteil deine Pläne fördern, deren Heiterkeit deinen Trübsinn verscheuchen kann, deren Gegenwart schon ein Genuß für dich ist. Die Wahl allerdings darf nur auf solche fallen, die frei sind von schlimmen Leidenschaften; denn die Laster sind lauernde Feinde und übertragen sich auf die Nächststehenden und haben eine unheilvoll ansteckende Wirkung. Wie man also in Zeiten der Pest Sorge tragen muß, nicht mit schon erkrankten und schwer ringenden Personen in Berührung zu kommen, um nicht die Gefahr auf uns zu übertragen, die uns schon durch den bloßen Anhauch bedroht, so müssen wir uns bei der Wahl unserer Freunde strengste Charakterprüfung zur Regel machen, um nur solche zu wählen, die noch möglichst unverdorben sind. Es ist der Anfang der Krankheit, wenn man Gesundes mit Krankem mischt.

Damit will ich nicht sagen, du dürftest dich an niemanden anschließen als an den Weisen und dürftest es nur mit ihm halten; denn wo findest du ihn? Ihn, den wir schon so viele Jahrhunderte lang suchen? Als Bester gelte, der am wenigsten schlimm ist! Du würdest wohl kaum die Möglichkeit einer glücklicheren Wahl haben, wenn du unter Männern wie Platon und Xenophon und den Vertretern der weitverzweigten geistigen Nachkommenschaft des Sokrates die Guten auswählen dürftest, oder wenn dir das Cato-Zeitalter für die Wahl zur Verfügung stände, das eine Fülle von Männern hervorbrachte, die es wert waren, Catos Zeitgenossen zu sein (daneben aber auch zahlreiche Schurken, schlimmer als sonst irgendwann, und Anstifter von unerhörten Greueltaten; denn nach beiden Seiten hin bedürfte es starker Vertretung, um des Cato Bedeutung kenntlich zu machen; es mußte einerseits Ehrenmänner geben, die für ihn volles Verständnis hatten, wie Schurken, an denen er seine Kraft zu erproben hatte); jetzt aber, bei dem großen Mangel an braven Männern, wird die Wahl weniger krittlich sein. Vor allem aber meide man die Schwarzseher und Klagesüchtigen, denen nichts gut genug ist, um nicht darüber ein Klagelied anzustimmen. Mag einer auch ein treuer und wohlwollender Gesell sein, er ist doch ein Feind unserer Ruhe durch seine ewige Aufregung und sein beständiges Seufzen.

8. Gehen wir nun zu den Vermögensverhältnissen über, dieser stärksten Quelle menschlicher Kümmernisse. Denn vergleiche alles, wodurch wir sonst geängstigt werden – Todesfälle, Krankheiten, Befürchtungen, Wünsche, Überstehen von Schmerzen und Anstrengungen – mit den Widerwärtigkeiten, die uns unser Geld bereitet, so fällt das letztere weitaus am schwersten ins Gewicht. Darum mache man sich klar, daß Besitzlosigkeit ein viel leichterer Schmerz ist als Besitzverlust, und man wird einsehen, daß die Armut ein um so geringerer Anlaß zu qualvoller Pein ist, je weniger bei ihr ein Verlust überhaupt in Frage kommt. Denn du irrst, wenn du glaubst, die Reichen erwiesen sich mutiger im Ertragen von Verlusten: die größten wie die kleinsten Körper sind gleich empfindlich gegen Wunden. Sehr treffend sagt Bion, es sei für die Kahlköpfigen ebenso ärgerlich, wenn ihnen Haare ausgerissen würden, als für die Vollhaarigen. Ebenso, glaube mir, steht es mit den Armen und Reichen, sie leiden die nämliche Pein: beide hängen an ihrem Geld und können sich nicht ohne Empfindlichkeit davon trennen. Erträglicher indes, wie gesagt, und leichter ist es, etwas nicht zu erwerben, als es zu verlieren; daher die

freudigere Stimmung derer, denen das Glück niemals gelächelt hat, als derer, denen es den Rücken wendet. Diese Einsicht ging dem Diogenes auf, diesem gewaltigen Geist, und dies hatte die Wirkung, daß ihm nichts entrissen werden konnte. Nenne es Armut, Mangel, Dürftigkeit oder welchen schimpflichen Namen du diesem Sicherheitszustande geben willst: ich werde erst dann ihn, den Diogenes, für nicht glücklich halten, wenn du mir einen anderen aufweisen kannst, dem nichts verloren gehen kann. Ich müßte mich doch sehr täuschen, wenn es nicht eine Stellung gleich der eines Königs wäre, unter Geizigen, Betrügern, Räubern und Banditen der Einzige zu sein, der gegen den Schaden gefeit ist. Zweifelt einer an Diogenes' Glück, so kann er diesen Zweifel auch auf die Verhältnisse der unsterblichen Götter übertragen und fragen, ob sie nicht des Glückes entbehrten, da sie weder Landgüter noch Gärten noch großen Bodenbesitz für fremde Pflanzer haben, noch riesigen Wucherzins auf dem Forum. Schämst du dich nicht, du Anbeter des Reichtums? Blicke doch hin auf das Weltall: aller Habe bar wirst du die Götter sehen; sie geben uns alles, aber haben nichts. Hältst du den für arm oder für ähnlich den unsterblichen Göttern, der auf alle Gaben des Zufalles verzichtet? Hältst du den Demetrius Pompejanus etwa für glücklicher, der sich nicht schämte, reicher zu sein als Pompejus? Täglich ließ er sich Bericht erstatten über die Zahl seiner Sklaven, wie der Feldherr über seine Soldaten, er, für den zwei Stellvertreter und eine geräumigere Zelle schon längst Reichtum genug gewesen wäre. Dem Diogenes dagegen konnte sein einziger Sklave entlaufen, ohne daß er es für der Mühe wert hielt, ihn zurückzuholen, als man ihn ihm zeigte. »Es wäre doch schimpflich«, sagte er, »wenn Manes ohne Diogenes leben könnte, aber Diogenes nicht ohne Manes.« Damit wollte er wohl sagen: »Treibe du nur dein Geschäft, o Schicksal; beim Diogenes hast du nichts mehr zu suchen. Für mich (mir zuliebe) ist der Sklave entlaufen, oder ist vielmehr frei davon gegangen.« Die Dienerschaft forderte Kleidung und Unterhalt, man hat so viele Bäuche gieriger Bestien zu befriedigen, hat Kleider für sie zu kaufen, ihre diebischen Hände zu überwachen und sich mit ihren Tränen und Verwünschungen beim Verrichten ihres Dienstes abzufinden. Wieviel glücklicher ist doch der, welcher niemandem etwas schuldet außer dem, dem er am leichtesten eine abschlägige Antwort erteilen kann, nämlich sich selbst! Doch da wir nicht die Kraft eines Diogenes besitzen, sollten wir unser Vermögen wenigstens einschränken, um weniger den Schlägen des Schicksals ausgesetzt zu sein. Brauchbarer für den Kriegsdienst sind solche Körper, deren Glieder sich leicht der für sie bestimmten Waffenrüstung einfügen, als solche, die ein Übermaß haben und deren Größe sie allenthalben den Wunden preisgibt: das beste Vermögensmaß ist das, welches einerseits nicht etwa schon als Armut zu gelten hat, andererseits doch auch nicht allzuweit von der Armut entfernt ist.

9. Wir werden uns aber mit diesem Maße befreunden, wenn wir uns nur erst mit der Sparsamkeit auf guten Fuß gesetzt haben, ohne die auch aller Reichtum nicht hinreicht und kein Landbesitz sich weit genug für uns ausdehnt, zumal die Abhilfe doch so nahe liegt und die Ar-

mut sich in Reichtum umwandeln kann, wenn man nur die Genügsamkeit zu Hilfe zieht. Gewöhnen wir uns, uns jeden Prunkes zu entschlagen und als maßgebend den Nutzen der Dinge anzusehen, nicht den äußeren Schmuck. Die Speise stille den Hunger, der Trank den Durst, der Geschlechtstrieb halte sich innerhalb der ziemenden Grenzen. Lernen wir, mit unseren eigenen Gliedmaßen auszukommen und in Kleidung und Lebensweise uns nicht nach der neuesten Mode zu richten, sondern nach der ehrbaren Sitte der Alten; lernen wir, die Enthaltsamkeit zu steigern, die Genußsucht in Schranken zu halten, die Ruhmbegierde zu mäßigen, den Jähzorn zu lindern, mit der Armut uns auf freundlichen Fuß zu stellen, die Genügsamkeit in Ehren zu halten, auch wenn sich so mancher bisher ihrer schämte, den natürlichen Bedürfnissen durch leicht zu beschaffende Mittel Befriedigung zu gewähren, ungezügelte Hoffnungen und die Sucht des Plänemachens für ferne Zukunft gleichsam in Fesseln zu halten und es dahin zu bringen, daß wir den Reichtum mehr von uns selbst als vom Glücke erwarten. Bei der großen Mannigfaltigkeit schwerer Schicksalsschläge kann es nicht ausbleiben, daß, wenn man die großen Segel ausspannt, der Sturm nicht gewaltige Verheerungen anrichte; man muß die Segel einreffen, um dem Schicksal kein sicheres Ziel für seine Angriffe zu bieten. So kommt es, daß Verbannungen und Bedrängnisse zum Heile ausschlugen und durch leichteres Ungemach schweres geheilt ward. Schenkt die Seele vernünftigem Rate kein Gehör, und will sie sich durch leichtere Mittel nicht heilen lassen, warum sollte es ihr dazu nicht zuträglich sein, wenn Armut, Schande, völliger Vermögenszusammenbruch den Betreffenden heimsucht, wenn Unheil gegen Unheil ausgespielt wird? Gewöhnen wir uns also, unsere Mahlzeiten zu halten ohne eine Schar von Gästen, uns mit weniger Dienstpersonal zu begnügen, bei Anschaffung unserer Kleidung nur auf deren eigentlichen Zweck zu sehen und uns in unseren Wohnungsverhältnissen zu beschränken! Nicht nur im freien Lauf und im Wettkampf des Zirkus gilt es, an rechter Stelle einzulenken, sondern auch in dieser Lebensbahn.

Auch was die wissenschaftlichen Studien anlangt, so hat der Aufwand dafür, an sich gewiß lobwürdig, doch nur so lange Sinn und Verstand, als er Maß hält. Wozu die unzähligen Bücher und Bibliotheken, von denen der Besitzer in seinem ganzen Leben kaum die Kataloge durchgelesen hat? Es belastet die Masse den Lernenden, ohne ihn zu belehren, und es ist weit vernünftiger, dich an wenige Schriftsteller zu halten, als irrend umherzuschweifen von einem zum anderen. Vierzigtausend Bücher sind in Alexandria verbrannt. Mag ein anderer diese Bibliothek als schönstes Denkmal königlicher Freigebigkeit preisen, wie T. Livius, der sagt, es sei dies ein hervorragendes Werk des guten Geschmackes und der umsichtigen Fürsorge der Könige gewesen: es war dies weder guter Geschmack, noch umsichtige Fürsorge, sondern ein wissenschaftlicher Prunk, ja man kann nicht einmal sagen, ein »wissenschaftlicher«, denn sie hatten es dabei nicht abgelegt auf wissenschaftliche Studien, sondern auf eine Schaustellung, wie so viele Ignoranten, die ihre Nase niemals auch nur in ein Elementarbuch gesteckt haben, die Bücher nicht als Hilfsmittel der Wissenschaft, sondern als Schaustücke für ihre Mahlzeiten ansehen. Man schaffe sich also Bücher an, soviel als zu unserem Bedarf hinreichen, aber nicht zur Schaustellung. »Es ist doch besser«, erwiderst du, »wenn sich der Aufwand auf Bücher, als auf korinthische Gefäße und Gemälde wendet.« Was zu viel ist, ist überall vom Übel. Was kannst du denn zur Entschuldigung eines Menschen vorbringen, der erpicht ist auf Schränke von Zitrusholz und Elfenbein, der die einzelnen Bände unbekannter oder nichtswürdiger Schriftsteller zusammensucht und inmitten dieser unermeßlichen Bücherhaufen gähnt und sein eigentliches Vergnügen nur an den Vorsatzblättern seiner Bücherrollen und an ihren Titeln hat? Es sind just die größten Faulpelze, bei denen du die ganze Redner- und Geschichtsliteratur finden kannst, aufgeschichtet auf Regale bis ans Dach hinauf. Findet man doch bereits in Badeanstalten und Thermen Bibliotheken in nettester Aufmachung als unentbehrliche Zierde des Hauses. Ich würde ja nichts dagegen haben, wenn diese Erscheinung auf übertriebenen Eifer für die Wissenschaft zurückzuführen wäre; tatsächlich aber werden diese gesammelten Werke der gefeiertsten Geister, geziert mit ihren Bildnissen, nur zum Schein und zum Schmuck der Wände angeschafft.

10. Aber nimm an, du seiest in eine schwierige Lebenslage geraten und das Schicksal habe dir, sei es im häuslichen oder im öffentlichen Leben, wider alles Vermuten eine Schlinge umgeworfen, die du weder lösen noch zerreißen kannst, so denke an die Gefesselten: anfangs wird es ihnen schwer, sich mit ihrer Last und den hemmenden Fußketten zurecht zu finden; haben sie aber einmal den Vorsatz gefaßt, statt darüber in Wut zu geraten, sich in

ihr Schicksal zu fügen, so lehrt sie die Not, das Unvermeidliche tapfer, die Gewohnheit, es leicht zu tragen. In keiner Lebenslage wird es dir an Aufmunterungen, Erholungen und Aufheiterungen fehlen, wenn du es über dich gewinnst, das Schlimme lieber für erträglich zu halten, als es dir verhaßt zu machen. Die Natur, die wohl wußte, welchen harten Prüfungen sie uns durch unsere Geburt aussetzte, hat sich kein größeres Verdienst um uns erworben, als dies, daß sie zur Linderung unseres Ungemachs die Gewohnheit erfand, die uns bald auch mit dem Schwersten vertraut macht. Niemand würde es aushalten, wenn das Unglück bei weiterer Fortdauer immer dieselbe Kraft hätte wie beim ersten Schlag. Wir alle sind an das Schicksal gekettet, die einen mit goldener und gefügiger Kette, die anderen mit eng anschließender und rostiger; doch was kommt darauf an? Wir alle, ohne Unterschied, leben in einer Art Gefangenschaft, und angebunden sind auch die, die uns angebunden haben, du müsstest denn die Kette an der Linken für leichter halten. Den einen fesseln Ehrenstellen, den anderen Reichtum; einige leiden unter ihrer vornehmen Geburt, andere unter dem Gegenteil; manche müssen sich fremde Herrschsucht gefallen lassen, manche hinwiederum sind Opfer der eigenen; manche sind durch Verbannung an den nämlichen Ort gebunden, manche durch ihre priesterliche Würde: das ganze Leben ist im Grunde nichts anderes als Knechtschaft. Darum gilt es, sich an seine Lage zu gewöhnen, sowenig als möglich über sie zu klagen und keine Erleichterung, die es etwa bietet, unbenutzt zu lassen. Nichts ist so bitter, daß ein gefaßtes Herz nicht noch Trost fände. Oft hat die für ein Haus zu Gebot stehende

Bodenfläche durch das Geschick des Baumeisters sich für den Bedarf einer starken Bewohnerschaft ausreichend erwiesen und seine Raumverteilung hat die, wenn auch noch so enge Fläche bewohnbar gemacht. Begegnen wir den Schwierigkeiten mit kühlem Verstande: auch das Harte kann erweicht und das Enge erweitert und die Last minder drückend gemacht werden, wenn man sich nur auf die Kunst des Tragens versteht.

Zudem darf man die Begierden nicht ins Ungemessene ausschweifen lassen, sondern ihnen nur einen geringen Spielraum gewähren; denn ganz einschließen lassen sie sich doch nicht. Halten wir uns also, unter Verzicht auf das Unmögliche oder schwer Erreichbare, an das Naheliegende und unserer Hoffnung Entgegenkommende, doch immer in dem Bewußtsein, daß alles gleich nichtig ist, äußerlich zwar mancherlei Gestalt annehmend, innerlich aber durchweg hohl. Hüten wir uns auch vor dem Neid gegen Höherstehende. Was hoch emporragt, birgt des Absturzes Gefahr in sich. Diejenigen dagegen, die ein minder freundliches Geschick in eine bedenkliche Mittelstellung gebracht hat, werden sicherer fahren, wenn sie ihre an sich zum Stolz auffordernde Stellung jedes Scheines von Anmaßung entkleiden und ihr Los möglichst dem Durchschnittslos angleichen. Es gibt zwar viele, die an ihre hohe Stellung unablöslich gekettet sind, von der sie nur durch jähen Sturz herabkommen können; aber sie gestehen selbst ganz offen, daß sie nichts drückender empfinden als dies, daß sie sich gezwungen sehen andere zu bedrücken und nicht in Freiheit, sondern gebunden zu sein. Mögen sie durch Gerechtigkeit, durch Milde, durch Menschlichkeit, durch Freigebigkeit und Wohltätigkeit einer freundlichen Wendung ihres Schicksals gehörig vorarbeiten, und möge die Hoffnung darauf das Bedenkliche ihrer schwankenden Lage mindern. Nichts aber wird uns sicherer schützen vor diesem wogenden Seelenzustand, als wenn wir seinem Anschwellen immer eine feste Grenze setzen und uns durch Beispiele davor warnen lassen, nicht dem Schicksal die Entscheidung über das Ablassen anheimzugeben, sondern aus eigenem Entschlusse schon lange zuvor haltzumachen. So wird denn eine oder die andere Begierde die Seele anstacheln; aber die Beschränkung auf ein gewisses Maß wird sie vor Übergriffen ins Grenzenlose und Unsichere bewahren.

11. Diese meine Ausführungen beziehen sich auf mehr oder minder unvollkommene, der geistigen Reife entbehrende Durchschnittsmenschen, nicht auf den Weisen. Dieser braucht nicht ängstlich Schritt für Schritt zu wandeln; sein Selbstvertrauen ist so stark, daß er ohne Bedenken sich dem Schicksal widersetzen und ihm keinen Fußbreit Landes einräumen wird. Auch hat er nicht den mindesten Grund, es zu fürchten, da er nicht nur Sklaven, reichen Besitz und würdevolle Stellung, sondern auch seinen Körper, seine Augen, seine Hand und was dem Menschen den Wert seines Lebens erhöhen mag, ja sich selbst unter die Dinge rechnet, auf die kein Verlaß ist, und lebt, als wäre er sich selbst nur geliehen und müsse sich ohne Murren wieder zurückgeben, wenn man ihn zurückfordere. Er fühlt sich aber keineswegs dadurch erniedrigt, daß er weiß, er gehöre sich nicht selbst, sondern er wird alles so gewissenhaft, so umsichtig tun, wie ein gottesfürchtiger und frommer Mann zu hüten pflegt,

was seiner Treue anvertraut ist. Wenn aber der Befehl an ihn herantritt, es wieder zurückzugeben, wird er mit dem Schicksal nicht hadern, sondern sagen: »Dank sei dir für das, was ich besaß und hatte. Ich habe zwar das Deinige nur gegen schweren Zins mir zugute kommen lassen; doch weil du es so befiehlst, so gebe ich es hin, trete es dankbar und willig ab. Soll ich auch jetzt noch etwas von dir behalten, so will ich es bewahren; bist du anderen Sinnes, so gebe ich dir alles Silber, verarbeitetes und geprägtes, mein Haus, mein Gesinde zurück, überantworte es dir.« Und fordert die Natur zurück, was sie uns früher gegeben, so werden wir auch zu dieser sagen: »Nimm ihn zurück, den Geist, den du gegeben, nimm ihn zurück als ein veredeltes Gut; ich sträube und weigere mich nicht; willig stelle ich dir zur Verfügung, was du mir gabst, ohne daß ich es merkte; nimm es hin!« Zurückzukehren, woher man gekommen ist, was hat es denn damit auf sich? Der führt kein wünschenswertes Leben, der nicht gut zu sterben weiß. Daher muß man vor allem dem Tode keine so hohe Bedeutung beimessen, sondern den Odem zu einer verächtlichen Nebensache machen. Den Gladiatoren, sagt Cicero, verzeihen wir es nicht, wenn sie unter allen Umständen ihr Leben zu erhalten bedacht sind; dagegen kargen wir ihnen gegenüber nicht mit unserer Gunst, wenn sie sich als Verächter des Lebens erweisen. So, wisse, steht es auch mit uns. Gar oft nämlich ist die Angst vor dem Tode die Ursache des Todes. Das Schicksal, dem dies ein ergötzliches Schauspiel ist, sagt: »Wozu soll ich dich aufsparen, du heilloses und feiges Geschöpf? Nur um so kräftiger wird man mit Hieb und Stich gegen dich losgehen, weil du den Mut nicht hast, deine Kehle darzubieten.

Anders du da! Du wirst länger leben und leichter sterben, der du das Schwert nicht mit widerstrebendem Nacken und vorgestreckten Händen auf dich niederfahren siehst, sondern mutig stirbst.« Wer den Tod fürchtet, wird nie einer des lebenden Menschen würdigen Tat fähig sein. Aber wer sich dessen bewußt ist, daß gleich bei seiner Empfängnis auch die endgültige Bestimmung über ihn getroffen sei, der wird der Vorschrift gemäß leben und mit derselben Geisteskraft zugleich auch das erreichen, daß ihn nichts von allem, was da kommen mag, unvorbereitet trifft; denn immer sieht er, was möglicherweise eintreten kann, gewissermaßen als wirklich eintretend, voraus und lindert dadurch das Ungestüm alles hereinbrechenden Unheils, das den in vollem Maße darauf Vorbereiteten keine Überraschung bringt, während es den sich gesichert Wähnenden und nur an Glück Denkenden als schwere Prüfung erscheint. Laß es Krankheit sein oder Gefangenschaft, Einsturz, Brand: nichts von dem allen kommt völlig überraschend; ich wußte schon, an welche sturmbewegte Gemeinschaft die Natur mich angeschlossen habe. Wie oft habe ich in meiner unmittelbaren Nachbarschaft Jammergeschrei vernommen, wie oft sind an meiner Schwelle vorüber kindliche Leichen unter Fakkel- und Kerzenlicht zu Grabe getragen werden; oft hat sich seitwärts das Gedonner eines einstürzenden Gebäudes vernehmen lassen; viele von denen, die das Forum, die Kurie, das Interesse der Unterhaltung mir nahe gebracht hatte, raffte die Nacht hinweg und das mörderische Halseisen riß die in trauter Freundschaft ineinandergeschlungenen Hände auseinander: soll ich mich wundern, daß auch über mich ab und zu Gefahren hereinbrechen, die rings um mich herum immer ihr Wesen getrieben haben? Es gibt nicht wenige Menschen, die, wenn sie eine Seefahrt antreten, an den Sturm nicht denken. Handelt es sich um ein treffendes Wort, so berufe ich mich darauf, gleichviel, wie man über den Urheber denkt. Publilius, der an hinreißender Kraft manchen geistvollen Vertreter der Tragödie und Komödie hinter sich läßt, hat, wenn er sich über seinen gewöhnlichen Bretterwitz und seine auf die oberste Gallerie berechnete Spaßmacherei erhebt, so manches Schlagwort geprägt, kräftiger als die Tragödie und weit hinaus über das Maß der Volksbühne. So unter anderen auch dies:

Was einen trifft, des mag sich jedermann versehn.

Wenn einer sich von dieser Wahrheit ganz durchdringen läßt und alles Leid, das ungezählt sich täglich über andere häuft, so ansieht, als hätte es freie Bahn auch zu ihm selbst, dann wird er sich längst mit Schutzwaffen versehen haben, ehe der Angriff erfolgt. Es ist zu spät, wenn man die Seele erst nach der Gefahr zum Bestehen der Gefahr anhält. »Das hätte ich nicht für möglich gehalten« und »Hättest du denn jemals an ein solches Vorkommnis geglaubt?« Ja, warum denn nicht? Wo ist der Reichtum, dem nicht Armut, Hunger und der Bettelstab unversehens folgen könnte? Welche Stellung, auch noch so würdevoll, schützt davor, daß dem Prachtgewand, dem Augurenschmuck und dem Patrizierschuh sich auch erniedrigende Schmach beigeselle und Ausstoßung aus dem Senat und tausenderlei Beschimpfungen und völlige Mißachtung? Wo ist das Königtum, das sicher wäre vor Einsturz, vor Zerschmetterung, vor Gebieter und Henker? Und da wird nicht lange gefackelt; eine einzige Stunde liegt zwischen dem Königsthron und der Kniebeugung vor fremdem Herrscher. Laß dir also gesagt sein, daß jede Lage dem Wechsel preisgegeben ist, und daß, was irgend einen trifft, auch dich treffen kann. Du bist reich. Etwa reicher als Pompejus? Als Gaius (Caligula), von früher her mit ihm verwandt, neuerdings sein Gastfreund, diesem den Kaiserpalast geöffnet hatte, um ihn aus seinem eigenen Hause auszuschließen, gab man ihm weder Brot noch Wein. Viele Flüsse waren in seinem Besitz gewesen, die auf seinem Grund und Boden ihre Quelle und ihren Lauf hatten, und nun bettelte er um einige Tropfen Wasser; Hunger und Durst machten seinem Leben im Palaste seines Verwandten ein Ende, während sein Erbe ihm, dem er jede Nahrung verweigerte, ein öffentliches Leichenbegängnis veranstaltete.

Du hast die höchsten Ehrenstellen bekleidet: etwa gar so hohe, so unverhoffte oder so umfassende wie Sejanus? An dem Tage, wo ihm der Senat noch das Geleite gegeben hatte, zerriß ihn das Volk in Stücke; von ihm, auf den Götter und Menschen alles nur irgend Erdenkliche zusammengehäuft hatten, blieb nichts mehr übrig, was des Henkers Hand wert gewesen wäre.

Du bist König: Ich will dich nicht auf den Krösus verweisen, der den Scheiterhaufen besteigen mußte, aber ihn auch verlöschen sah, er, der nicht nur sein Königreich, sondern auch seinen Tod überlebte, auch nicht auf den Jugurtha, der dem römischen Volk noch in dem nämlichen Jahr, in dem es ihn gefürchtet hatte, in Rom zur Schau gestellt ward: haben wir selbst doch den König Ptolemäus, den Herrscher von Afrika, und den König

Mithridates, den Armenier, inmitten der Wachmannschaften des Caligula gesehen; der eine ward in die Verbannung geschickt, der andere wünschte, er möchte unter besserem Schutze entlassen werden. Bei so unaufhörlichem Auf- und Abschwanken aller menschlichen Dinge mußt du alles, was möglicherweise eintreten kann, als dir wirklich bevorstehend ansehen; sonst räumst du dem Unglück eine Macht über dich ein, die derjenige bricht, der beizeiten sich vorsieht.

12. Der nächste Punkt wäre nun folgender: Wir dürfen nicht unnütze Ziele verfolgen und dürfen unsere Bemühungen nicht nutzlos verschwenden; das heißt: wir dürfen einerseits unsere Wünsche nicht auf Dinge richten, die für uns unerreichbar sind, und dürfen uns anderseits nicht in die Lage bringen, nach Durchsetzung unserer leidenschaftlichen Wünsche die Nichtigkeit derselben zu spät unter tiefer Scham einzusehen; es soll also weder unsere Arbeit vergeblich und ohne Wirkung sein, noch der Erfolg in keinem entsprechenden Verhältnis zur Mühe stehen; denn in der Regel führt es zu einer trübseligen Stimmung, wenn entweder der Erfolg überhaupt fehlt oder man sich des Erfolges nur zu schämen hat.

Aufräumen muß man mit dem ewigen Hin- und Herrennen, das so viele Menschen in Atem hält, die in Häusern, in Theatern und auf den Marktplätzen herumschwirren. Sie drängen sich anderen auf, um für sie tätig zu sein, und sie sehen immer aus, als hätten sie etwas zu tun. Fragst du einen von ihnen, wenn er auf die Straße heraustritt: Wohin? Was hast du vor? so wirst du zur Antwort bekommen: »Wahrhaftig, ich weiß es selbst nicht;

aber ich werde schon jemanden sehen, werde etwas zu tun bekommen.« Ohne bestimmtes Ziel treiben sie sich Beschäftigung suchend umher und haben es nicht auf etwas Bestimmtes abgesehen, sondern lassen den Zufall walten. Ihr Umherlaufen ist unbedacht und erfolglos, wie bei den Ameisen, die auf den Bäumen umherkriechen, bald oben bald unten sich bewegend, ohne Beute. Ein diesen ähnliches Leben führen jene vielen, deren Leben man wohl einen geschäftigen Müßiggang nennen könnte. Manche erwecken unser Mitleid, wenn sie wie zu einer Feuersbrunst rennen: Sie drängen die ihnen Begegnenden zur Seite und bringen sich und andere zu Fall, während ihr ganzes Gelaufe doch nur den Zweck hatte, entweder einen zu begrüßen, der ihm den Gruß nicht einmal erwidert, oder sich dem Leichenzug für einen ganz unbekannten Menschen anzuschließen, oder einen bekannten Streithammel vor Gericht zu hören, oder dem Verlöbnis eines, der sich nicht zum ersten Male verlobt, beizuwohnen; sie machen sich zu Begleitern einer Sänfte, ja helfen hie und da auch beim Tragen derselben. Wenn sie dann in zweckloser Ermüdung nach Hause kommen, so schwören sie, sie wüßten selbst nicht, weshalb sie ausgegangen wären, wo sie gewesen wären, um dann am nächsten Tage wieder dieselbe Irrfahrt anzutreten. Jede Arbeit muß also irgendeinen Zweck, irgendeine bestimmte Beziehung haben! Nicht der Tätigkeitstrieb setzt diese Rastlosen in Bewegung; es sind die täuschenden Trugbilder der Dinge, die die Verblendeten nicht ruhen lassen; denn auch bei ihnen ist es irgendwelche Hoffnung, die zur Bewegung anregt: es reizt sie irgend ein Scheinbild, dessen Nichtigkeit ihrem befangenen Geist nicht zum Bewußtsein kommt. Ohne Ausnahme gilt für alle, die ihr Haus nur verlassen, um das Straßengetümmel noch größer zu machen, das folgende: Es sind leere und nichtige Gründe, die einen jeden von ihnen in der Stadt umherführen; ohne daß er irgendwelchen ernstlichen Arbeitswillen hat, treibt ihn das Morgenlicht hinaus auf die Straße, und nachdem er an so mancher Tür vergebens geklopft und die dienenden Geister begrüßt hat, trifft er, obschon von so vielen abgewiesen, doch niemanden schwerer zu Hause an als sich selbst.

Mit diesem Unfug hängt jene abscheuliche Unsitte zusammen: die Ohrenbläserei und Aushorcherei, das Auskundschaften öffentlicher und geheimer Vorgänge und das Wissen um viele Dinge, die zu erzählen ebenso bedenklich ist wie sie zu hören.

13. Das scheint auch Demokrit im Auge gehabt zu haben, als er so anhub: »Wer ruhig leben will, soll nicht vielerlei treiben, weder im eigenen noch im Staatswesen«, wobei er selbstverständlich an das Unnötige denkt; denn handelt es sich um notwendige Dinge, so gibt es im eigenen wie im öffentlichen Leben nicht nur viele, sondern unzählige Dinge, die man erledigen muß. Wo uns aber keine der üblichen Pflichten ruft, da müssen wir mit unserer Tätigkeit zurückhalten. Denn wer sich auf vielerlei einläßt, der gibt dem Schicksal häufig Macht über sich, dem gegenüber das sicherste ist, sich nur selten mit ihm auf Proben einzulassen, wenn man auch immer an es denken und sich nichts von seiner Zuverlässigkeit versprechen soll. »Ich werde eine Seefahrt unternehmen, es müßte denn etwas dazwischen kommen«; »ich werde Prätor

werden, es müßte denn ein Hemmnis eintreten«; »Das Unternehmen wird mir gelingen, es müßte denn etwas Unerwartetes sich ereignen.« Das ist es, was uns zu der Behauptung führt, dem Weisen könne niemals etwas völlig Unvermutetes begegnen. Wir erheben ihn nicht über die menschlichen Zufälligkeiten, wohl aber über die menschlichen Irrtümer; nicht alles geht ihm nach Wunsch und Willen, aber seine Seele ist immer auf alles gefaßt; denn er hat sich vor allem immer gesagt, es könne dem, was er vor hat, sich auch ein Hemmnis entgegenstellen. Notwendig aber tröstet der sich leichter über einen vereitelten Wunsch, dem man das Gelingen nicht bedingungslos versprochen hat.

14. Wir müssen uns aber auch eine gewisse Fügsamkeit nach *der* Seite hin aneignen, daß wir uns nicht gar zu sehr auf das versteifen, was wir uns vorgenommen haben, sondern uns in die jeweilige Schicksalslage fügen und uns nicht bange machen lassen durch einen Wechsel, sei es unseres Entschlusses oder des Schicksals, wenn wir uns nur vor dem Fehler des Wankelmutes bewahren, diesem schlimmsten Feinde der Ruhe. Allerdings führt auch der starre Eigensinn unausbleiblich Beängstigung und Unheil mit sich, da das Schicksal ihm häufig einen Strich durch die Rechnung macht; aber der wankelmütige, hin und herflatternde Leichtsinn ist doch noch viel schlimmer. Beides ist der Ruhe unzuträglich, sowohl wenn man nichts ändern kann, als wenn man jedem Leiden ausweicht. Jedenfalls aber muß die Seele, von allem Äußerlichen absehend, sich ganz in sich selbst sammeln, muß volles Vertrauen zu sich gewinnen, muß an sich selbst

ihre Freude haben, muß, was ihr gehört, hoch achten, was ihrem Wesen fremd ist, möglichst von sich fernhalten und mit sich selbst in Einvernehmen bleiben, darf Verluste nicht zu schwer empfinden und muß auch das Widerwärtige so viel wie möglich zum Besten deuten. Als unser Zeno die Nachricht von einem Schiffbruch erhielt, durch den all sein Hab und Gut untergegangen war, ließ er sich so vernehmen: »Das Schicksal will mir freiere Bahn zum Philosophieren geben.« Den Philosophen Theodorus bedrohte ein Tyrann mit dem Tod und zwar ohne Begräbnis. Was erwiderte er? »Der Erfüllung deines Wunsches steht nichts entgegen; mein bißchen Blut steht ganz zu deiner Verfügung; und was mein Begräbnis anlangt, was ist es da doch für eine Torheit, zu glauben, es liege mir daran, ob ich auf oder unter dem Erdboden verwese.« Canus Julius, ein ganz hervorragender Mann, den zu bewundern selbst der Umstand kein Hindernis ist, daß er in unserem Jahrhundert geboren ward, hatte einen langen, scharfen Wortwechsel mit Cajus (Caligula), nach dessen Abschluß dieser neue Phalaris zu dem Fortgehenden sagte: »Schmeichle dir ja nicht mit törichter Hoffnung; den Befehl zu deiner Hinrichtung habe ich bereits gegeben.« »Dank dir«, erwiderte er, »mein gnädigster Kaiser!« In welchem Sinne er dies gesagt haben mag, ist mir zweifelhaft, denn ich kann mir mancherlei dabei denken: Wollte er den Gebieter fühlen lassen, wie schmachvoll er gehandelt, und ihm vor Augen führen, daß solch unerhörter Grausamkeit gegenüber der Tod eine Wohltat sei? Oder geißelte er damit den wahnwitzigen Unfug, der damals Mode war? (Denn es war Sitte geworden, daß man sich bedankte für die Ermordung seiner Kinder und für den Raub von Hab' und Gut.) Oder nahm er es freudigen Herzens hin als eine Art der Befreiung? Wie es damit auch stehen mag, die Antwort zeugte von hochherzigster Sinnesart. Vielleicht erwidert man: »Es war ja immerhin möglich, daß Gaius darauf hin den Bescheid gegeben hätte, ihn am Leben zu lassen.« Diese Befürchtung hegte Canus nicht; man wußte, wie Gaius mit solchen Befehlen Wort hielt. Glaubst du wohl, daß jener die zehn Tage bis zu seiner Hinrichtung ohne jede Anfechtung von Kummer hingebracht habe? Es klingt fast unglaublich, was dieser Mann gesagt und getan, welche Ruhe er bewahrt hat. Er saß beim Brettspiel, als der Centurio, der den Transport der Verurteilten leitete, auch ihm den Befehl zugehen ließ, sich fertig zu machen. Bei diesem Ruf zählte er die Steine und sagte zu seinem Spielgenossen: »Nimm dich in acht, und lüge nicht etwa einem vor, du habest gewonnen.« Darauf winkte er dem Centurio zu und sagte: »Du bist mein Zeuge, daß ich um Eines voraus bin.« Meinst du etwa, Canus hätte dies Brettspiel nur dem Spiele zuliebe getrieben? Nein! Dies Spiel war nichts als Hohn. Von Trauer erfüllt waren die Freunde, da sie solch einen Mann verlieren sollten. »Was trauert ihr?« sagte er; »ihr forschet, ob die Seelen unsterblich seien: ich werde es alsbald wissen.« Und so fuhr er auch in seiner Todesstunde fort, nach der Wahrheit zu forschen und seinen eigenen Tod zu einer Quelle der Forschung zu machen. Es begleitete ihn sein Philosoph, und der Zug war nahe dem Hügel, wo man unserem Gotte, dem Kaiser, das tägliche Opfer brachte. Da sagte der Philosoph: »Was denkst du jetzt, Canus? Womit beschäftigt sich dein Geist?« »Ich habe mir vorgenommen«, erwiderte Canus, »in jenem schnellsten aller Augenblicke zu beobachten, ob die Seele ihres Abscheidens sich bewußt sein wird«, und er versprach, wenn er darüber etwas erkundet hätte, als Geist bei seinen Freunden umzugehen und ihnen Kunde zu geben, wie es mit den Seelen stände. Schau, welche Ruhe mitten im Sturm! Ein Geist, würdig der Ewigkeit, der sein Todesverhängnis zur Ergründung der Wahrheit benutzt, der im letzten Lebensaugenblick die scheidende Seele über ihren Zustand befragt und nicht nur bis zum Tode, sondern vom Tode selbst noch etwas lernt. Wer hätte in der Philosophie noch länger beharrt? Aber es sei fern von uns, den großen und der höchsten Achtung würdigen Mann in Eile von uns zu lassen; wir werden dich im Andenken der Welt erhalten, du strahlendes Haupt, du unersetzliches Opfer der Greuel eines Gaius!

15. Doch es genügt nicht, sich frei zu machen von den Anlässen zur Niedergeschlagenheit über die eigenen Angelegenheiten; denn mitunter bemächtigt sich unser ein Haß gegen das Menschengeschlecht überhaupt. Wenn man bedenkt, wie selten die schlichte Ehrlichkeit ist, wie wenig man von Unschuld weiß, und wie die Treue fast ganz aus der Welt geschwunden ist, außer wo sie etwa Nutzen bringt, wenn uns der ganze Schwarm sieggekrönter Verbrechen entgegentritt, sowie die gleich hassenswerten Gewinne und Verluste der Lustbegier mitsamt dem Ehrgeiz, der sich soweit vergißt, daß er dem Glanze zuliebe die schändlichsten Mittel nicht scheut, da umnachtet sich der Geist, und Finsternis breitet sich über ihn, als wäre alle Tugend ausgestorben, als wäre jede

Hoffnung auf sie versperrt und jeder Nutzen von ihr ausgeschlossen. Wir müssen unserem Geist also die Wendung geben, daß uns alle Verirrungen des Volkes nicht verhaßt, sondern lächerlich erscheinen, und müssen es mehr mit Demokrit halten als mit Heraklit. Denn dieser konnte sich auf der Straße nicht sehen lassen, ohne Tränen zu vergießen; jener dagegen lachte; dem einen erschien alles, was wir tun, bejammernswert, dem anderen ein Possenspiel. Man muß sich alles leichter machen und fügsam ertragen; es steht dem Menschen besser an, das Leben zu belachen, als es zu beweinen. Zudem macht sich derjenige mehr verdient um das Menschengeschlecht, der da lacht, als der darüber trauert; denn jener läßt der frohen Hoffnung doch wenigstens noch einigen Raum; dieser dagegen weint törichterweise über das, an dessen Verbesserung er verzweifelt. Auch schon im Hinblick auf das All der Dinge zeigt derjenige doch einen höheren Geistesschwung, der mit dem Lachen als der mit dem Weinen nicht an sich halten kann; denn es ist die unschuldigste Gemütserregung, der er huldigt, und nichts in diesem mächtigen Triebwerk erscheint ihm groß, nichts ernst, ja nicht einmal bedauernswert. Jeder halte sich nur alles Einzelne vor, weshalb wir froh oder traurig sind, und er wird jenes Wort des Bion bestätigen: Alle Betätigung der Menschen gleiche durchaus ihrem Ursprung, und ihr Leben sei nicht heiliger oder ernster als ihre Empfängnis, sie sänken zurück in das Nichts, aus dem sie hervorgegangen. Doch es ist besser, die öffentliche Sittlichkeit und die Fehler der Menschen mit mildem Auge anzusehen und darüber weder ins Lachen noch ins Weinen zu verfallen; denn mit fremdem Leid sich abzuquälen ist ewiges

Unheil, und an fremdem Unglück seine Freude zu haben, ist ein Vergnügen, das mit Menschengüte nichts zu tun hat, sowie es anderseits eine nutzlose Menschenfreundlichkeit ist, zu weinen, weil irgend einer seinen Sohn begräbt, und darüber eine Trauermiene anzunehmen. Auch was unser eigenes Unglück anlangt, so muß man sich so verhalten, daß man dem Schmerze einräumt, was die Natur fordert, nicht was die herrschende Sitte mit sich bringt; denn sehr viele vergießen Tränen, um als Trauernde zu erscheinen, und haben immer trockene Augen, wenn kein Zuschauer da ist; sie schämen sich, nicht zu weinen, wo alle es tun. So tief hat sich diese Unsitte, diese Abhängigkeit von fremder Meinung eingewurzelt, daß auch die selbstverständlichste Sache, der Schmerz, der Heuchelei verfällt.

16. Wir kommen nunmehr zur Betrachtung von Dingen, die nicht ohne Grund tiefstes Bedauern erwecken und einer trüben Stimmung Raum geben. Man blicke hin auf die Fälle, wo es mit ehrenwerten Männern ein trauriges Ende nimmt, wo ein Sokrates gezwungen wird, im Kerker zu sterben, Rutilius in der Verbannung zu leben, Pompeius und Cicero ihren eigenen Schützlingen den Nacken darzubieten, der große Cato, das lebende Musterbild aller Tugend, sich in sein Schwert stürzend, seinen eigenen Untergang zugleich mit dem des Staates der Welt kundzugeben, – da kann es nicht ausbleiben, daß man sich gequält fühlt angesichts dieses ungerechten Lohnes von seiten des Schicksals. Was soll jeder Einzelne überhaupt noch für sich hoffen, wenn er sieht, daß die Besten das Schlimmste über sich ergehen lassen

müssen? Wie steht es also? Vergegenwärtige dir, wie jeder von ihnen sein Schicksal getragen habe, und, sind sie tapfer gewesen, so nimm dir ihr Beispiel zum Muster in deiner Sehnsucht nach ihnen, starben sie aber weibisch und feige, so ist an ihnen nichts verloren. Entweder sind sie wert, dich ihrer mannhaften Tugend zu erfreuen, oder nicht wert, daß man Verlangen trüge nach ihrer Unmännlichkeit. Denn was wäre schimpflicher, als daß die größten Männer durch ihren tapferen Tod uns zaghaft machten? Preisen wir vielmehr den so hohen Lobes Würdigen und sagen: Preis dir, du Held, der du um so glücklicher bist, je tapferer du bist! Alle Angriffe des Schicksals, Neid, Krankheit – sie liegen nun hinter dir; du bist kein Gefangener mehr; du verdientest nach der Götter Meinung kein herbes Schicksal, verdientest vielmehr, daß das Schicksal keine Macht mehr über dich hätte.« Diejenigen aber, die sich darum herum drücken wollen und in der Todesstunde nach dem Leben ausschauen, müssen des Schicksals Gewalt zu fühlen bekommen. Nie werd' ich einen beweinen, der freudig stirbt, nie aber auch einen beweinen. der unter Tränen stirbt; jener hat meine Tränen selbst getrocknet, dieser hat durch seine Tränen jedes Recht auf teilnehmende Tränen verwirkt. Soll ich den Herkules beweinen, daß er sich lebendig verbrannt? Oder den Regulus, daß er die Marterqualen über sich ergehen ließ, oder den Cato, daß er den Todesstreich gegen sich wiederholte? Sie alle haben den kurzen Schmerz eines Augenblickes nicht gescheut, um dadurch in die Ewigkeit einzugehen, und haben sich durch ihren Tod unsterblich gemacht.

17. Eine weitere, ergiebige Quelle von Ärgernissen ist die krankhafte Sucht, dir ein erkünsteltes Aussehen zu geben und dich niemandem in deiner natürlichen Gestalt zu zeigen, eine nicht vereinzelte Erscheinung; denn die Zahl derer ist nicht gering, die ein Leben führen voller Verstellung und auf den prunkenden Schein berechnet. Ihre beständige Selbstbeobachtung wird ihnen zur Qual, und es peinigt sie die Angst, sich einmal in anderer Gestalt ertappt zu sehen, als der, in der sie sich gewöhnlich zeigen. Und wir werden den beängstigenden Druck nicht los, wenn wir bei jedem Blick eines anderen argwöhnen, es sei auf eine Beurteilung und mögliche Entlarvung von uns abgelegt. Denn der Zufall bringt vieles mit sich, was trotz allen Widerstrebens unsere Blößen aufdeckt, und, angenommen auch, daß die beständige Achtsamkeit auf sich selbst von gutem Erfolge begleitet sei, so ist es doch kein angenehmes und sorgenfreies Leben, wenn man immer eine bestimmte Maske trägt. Dagegen die schlichte und jeden Aufputz verachtende Natürlichkeit, die keine Verschleierung des wahren Wesens kennt, wieviel Erfreuliches führt sie doch mit sich! Indes auch dies allen Augen offen liegende Leben birgt die Gefahr der Verachtung in sich; denn es gibt manche, denen es Unbehagen macht, die Dinge zu sehr aus der Nähe zu sehen. Allein, einerseits läuft die Tugend nicht Gefahr, an Wert zu verlieren, wenn sie aus der Nähe betrachtet wird, anderseits ist es doch besser, sich durch schlichte Natürlichkeit Verachtung zuzuziehen, als unter der Qual beständiger Verstellung zu leiden. Indes gilt es, die rechte Mitte zu halten. Es ist ein großer Unterschied, ob man ein aufrichtig schlichtes oder ein unachtsames Leben führt.

Vielfach muß man auch in sich selbst Einkehr halten; denn der Umgang mit anders gearteten Menschen stört das erlangte innere Gleichgewicht und weckt Leidenschaften wieder auf und führt allen Schwächen und bedenklichen Rückständen der Seele neue verderbliche Nahrung zu. Doch muß man beides verbinden und miteinander abwechseln lassen, Einsamkeit und Geselligkeit. Wie die erstere in uns die Sehnsucht nach Menschen weckt, so die letztere die Sehnsucht nach uns selbst, und beide werden einander hilfreich ergänzen; den Haß gegen das Menschengetümmel wird die Einsamkeit heilen, den Überdruß an der Einsamkeit das Menschengetümmel.

Ferner darf man den Geist nicht in unausgesetzt gleichmäßiger Anspannung halten, sondern muß ihm auch Erheiterung schaffen. Sokrates schämte sich nicht, mit Knaben zu spielen, und Cato pflegte beim Glase Wein die drückenden staatlichen Sorgen von sich zu schütteln, und Scipio, der Triumphator und Held, hielt seinen Körper nicht für zu vornehm, um ihn nach dem Takt des Tanzes zu bewegen, nicht mit gesuchter Zierlichkeit, wie es jetzt üblich ist bei den Modehelden, die schon in ihrem Gange eine mehr als weibische Weichlichkeit verraten, sondern nach dem Muster der Männer der alten Zeit, die bei Spiel und Festfeier nach Männerart den Boden zu stampfen pflegten, ohne befürchten zu müssen an Achtung zu verlieren, und hätten sie auch ihre Feinde zu Zuschauern. Der Geist fordert Erholung; hat er sich ausgeruht, so wird er sich um so kräftiger und regsamer erheben. Wie man fruchtbare Äcker schonend behandeln muß – denn zwingt man sie zu unausgesetzter Fruchtbarkeit, so werden sie sich bald erschöpft haben –, so auch den Geist:

unausgesetzte Anstrengung wird seinen Schwung brechen; gönnt man ihm einige Erholung und Ausspannung, dann wird er wieder zu Kräften kommen; beständige Anstrengung hat eine gewisse Abstumpfung und Mattigkeit zur Folge. Woher sollte auch das heftige Verlangen der Menschen nach derartiger Erholung kommen, wenn Spiel und Scherz nicht eine gewisse natürliche Anziehungskraft hätten; allerdings wird das Übermaß der Anwendung dem Geist alle Wucht und alle Kraft rauben. Ist doch auch der Schlaf zur Erholung unentbehrlich; setzest du ihn aber Tag und Nacht fort, so wäre er der Tod. Es ist ein großer Unterschied, ob man etwas mäßigt oder ob man es aufgibt. Die Gesetzgeber haben Feiertage angeordnet, um die Menschen zu gemeinsamer Fröhlichkeit zu nötigen, als gewissermaßen notwendige, weil lindernd wirkende Unterbrechung der schweren Arbeit. Auch große Männer gaben sich, wie gesagt, für gewisse Tage des Monats Ferienurlaub; manche machten es auch so, daß sie jeden Tag zwischen Muße und anstrengender Arbeit teilten. So machte es der große Redner Asinius Pollio, der, wie wir uns erinnern, sich nie über die zehnte Stunde hinaus mit Arbeiten beschäftigte; selbst das Lesen von Briefen unterließ er nach dieser Stunde, um sich nicht neue Sorgen zu schaffen. Aber in jenen zwei Stunden schüttelte er die Müdigkeit des ganzen Tages ab. Manche machen eine Pause in der Mitte des Tages und verschieben leichtere Arbeiten auf die Nachmittagsstunden. Auch unsere Vorfahren verordneten, daß nach der zehnten Stunde kein neuer Antrag im Senate gestellt werden dürfe. Der Soldat hat seine bestimmten Wachtstunden, und für die, welche von einer Unternehmung zurückkehren, fällt der Nachtdienst aus. Man muß mit dem Geist schonend verfahren und muß ihm bisweilen Ruhe gönnen, die ihm Nahrung und Kraft gibt. Auch muß man sich an der freien Luft ergehen, damit die Seele in vollen Zügen die frische Luft genieße und sich dadurch kräftige und erlabe. Zuweilen tut auch eine Spazierfahrt wohl, eine Reise und Ortsveränderung, Geselligkeit und voller Becher; das frischt den Geist auf. Zuweilen mag es auch bis zu einem Räuschchen kommen, nicht bis zum Untertauchen, aber doch bis zum Eintauchen. Denn der Wein spült die Sorgen weg, greift tief ein ins Gemüt und ist ein Mittel wie gegen manche Krankheiten, so auch gegen den Trübsinn, und der Erfinder des Weines ist Liber genannt worden, nicht wegen der Ungebundenheit der Zunge, sondern weil er die Seele erlöst von der Knechtschaft der Sorgen, sie frei macht, belebt und ihr frischen Mut gibt zu jedem Vorhaben. Doch Mäßigung ist heilsam wie in der Freiheit so auch beim Weine. Solon und Arcesilaus sollen dem Weine gehuldigt haben, und dem Cato hat man Trinklust vorgeworfen. Dieser Vorwurf, von wem er auch herstammen mag, wird eher die Wirkung haben, den betreffenden Fehler zu Ehren zu bringen, als dem Cato Schande zu machen. Doch darf es nicht oft geschehen, damit es nicht zur schlimmen Gewohnheit werde, wenn die Weinlaune sich auch ab und zu einmal bis zur überschäumenden Ungebundenheit steigern mag, um die trübselige Nüchternheit wenigstens auf kurze Zeit zu verscheuchen. Denn mag nun der griechische Dichter recht haben mit seinem Wort »Zuweilen hat es auch seinen Reiz, ausgelassen zu sein«, oder Platon mit seinem Spruch »Vergebens klopft, wer völlig nüchtern ist, an der Musenpforte an«, oder Aristoteles mit seinem Satz »Kein großer Geist war ohne Beimischung von Tollheit«, es ist nicht anders: nur der stark erregte Geist vermag etwas überragend Großes auszusprechen. Blickt er verächtlich herab auf das Gewöhnliche und Alltägliche, und erhebt er sich in begeistertem Aufschwung zu größerer Höhe, dann erst künden seine Lippen Größeres als ein sterblicher Mund. Nichts Erhabenes und auf der Höhe Thronendes kann er erreichen, solange er bei sich selbst ist. Losreißen muß er sich von der nüchternen Gewohnheit, sich aufschwingen und in die Zügel knirschen, den Lenker mit sich fortreißen und ihn dahin bringen, wohin er auf eigene Hand sich nie getraut hätte zu gelangen.

Da hast du, teuerster Serenus, was die Ruhe sichern, was sie wieder herstellen und was den sich einschleichenden Fehlern wehren mag. Doch wisse, daß dies alles nicht stark genug ist für die Hüter eines unbeständigen Etwas, wenn nicht angestrengte und beständige Achtsamkeit das wankende Gemüt überwacht.

VOM GLÜCKLICHEN LEBEN

An seinen Bruder Gallio

1. Wer, mein Bruder Gallio, wünschte sich nicht ein glückliches Leben? Aber um zu erkennen, was uns zum Lebensglück verhelfen kann, dazu fehlt uns der richtige Blick. Nichts ist schwerer, als sich des glücklichen Lebens teilhaftig zu machen. Ja, je stürmischer man ihm zueilt, um so mehr entfernt man sich von ihm, wenn man den Weg verfehlt hat; führt dieser nach der entgegengesetzten Seite, so wird gerade die Eile der Grund, den Abstand zu vergrößern. Wir müssen uns also zunächst Klarheit verschaffen über Wesen und Beschaffenheit des Zieles; sodann gilt, es, Umschau zu halten nach dem Wege, auf dem wir am schnellsten zu ihm gelangen können, wobei der Weg selbst, wenn er nur der rechte ist, uns zu der Erkenntnis verhelfen wird, wieviel wir täglich vor uns bringen und in welchem Maße wir dem Punkte näherkommen, nach dem uns unser natürliches Verlangen hintreibt. Solange wir kreuz und quer umherschweifen und uns nicht von einem Führer leiten lassen, sondern lediglich von dem einander heillos widersprechenden Geschnatter und Stimmengewirr der Menge, schwindet das kurze Leben unter lauter Fehltritten dahin, mag man sich auch Tag und Nacht um vernünftige Einsicht bemühen. Daher entscheide man sich über das Ziel und den Weg nicht

ohne einen bestimmten Sachkundigen, der genau Bescheid weiß über die Richtung, in der wir uns vorwärtsbewegen. Denn hier steht es nicht so wie bei sonstigen Wanderungen: bei diesen sichert uns irgendein Grenzweg, auf den man trifft, nebst der Nachfrage bei den dort Ansässigen, vor Irregehen, während hier gerade der betretenste und menschenreichste Weg am leichtesten täuscht. Auf nichts also müssen wir mehr achten als darauf, nicht nach Art des Herdenviehs der vorauslaufenden Schar zu folgen: wir würden dann nur den meist betretenen, nicht aber den richtigen Weg wählen. Und doch verwickelt uns nichts in größeres Unheil, als daß wir uns nach dem Gerede der Menge richten, in dem Wahne, das sei das Beste, was sich allgemeinen Beifalls erfreut und wofür sich uns viele Beispiele bieten, und daß wir nicht nach Maßgabe vernünftiger Einsicht, sondern des Vorganges anderer leben. Daher jene gewaltige Anhäufung stürzender Menschen, die einer über den anderen fallen. Was man bei tödlichem Menschengedränge sieht, wo die Menge sich staut und sich selbst zerquetscht – niemand stürzt, ohne zugleich einen anderen mit zu Fall zu bringen, und die Vordersten ziehen die Folgenden mit sich –, das kann man durchgängig im Leben beobachten. Keiner irrt nur für sich, sondern gibt zugleich Grund und Veranlassung zum Irrtum anderer. Der blinde Anschluß an die Vorhergehenden wirkt aber schädlich, und während männiglich lieber glauben als selbst denken will, kommt es nie zu einem klaren eigenen Urteil über das Leben; immer hält man es nur mit dem Glauben an andere, und so treibt denn der von Hand zu Hand weitergegebene Irrtum mit uns sein Spiel und bringt uns zum Absturz:

die Beispiele anderer werden uns zum Verderben. Wir können Heilung finden; nur müssen wir uns absondern von der großen Masse. Allein wie die Sache jetzt liegt, wirft sich die Volksmenge zur Verteidigerin ihres eigenen Unheils gegen die Vernunft auf. Daher erlebt man Ähnliches wie in den Wahlversammlungen (Komitien), wo sich die eigentlichen Macher der Wahl selbst wundern, wenn infolge des Umschwunges der wandelbaren Volksgunst ihre eigenen Kandidaten zu Prätoren gewählt worden sind. Ein und dieselbe Sache erhält unsere Billigung, erhält unseren Tadel. Das ist der Ausgang jedes Gerichtes, wo nach dem Gutdünken der Menge entschieden wird.

2. Wenn es sich um das Lebensglück handelt, darfst du mir nicht mit einer Antwort kommen, wie sie bei den Abstimmungen im Senat üblich ist: »auf dieser Seite scheint die Majorität zu sein.« Denn eben darum ist sie die schlimmere. Wo es sich um Tragen der Menschheit handelt, sind wir nicht in der glücklichen Lage, sagen zu können, daß der Mehrzahl das Bessere gefalle: der Standpunkt der großen Masse läßt gerade den Schluß auf das Schlimmste zu. Wir müssen also fragen, was zu tun das Beste, nicht was das Gebräuchlichste ist, und was uns den Besitz ununterbrochen dauernden Glückes sichert, nicht was dem großen Haufen, diesem verwerflichsten Ausleger der Wahrheit, genehm ist. Zur großen Masse rechne ich aber ebensogut gekrönte Häupter wie Menschen im Kittel. Denn ich blicke nicht auf die Farbenpracht der Kleider, die dem Körper ein stattliches Aussehen verleihen; ich traue nicht den Augen, wo es sich um den Menschen handelt; ich habe eine bessere und zuverlässigere Leuchte,

um Wahres und Falsches zu unterscheiden: es ist des Geistes Wert, den der Geist auffinden soll. Ist er – der Geist – einmal dazu gekommen, ruhig aufzuatmen und Einkehr in sich zu halten, wie wird er sich dann unter dem selbstbereiteten Druck der Folterqualen die Wahrheit gestehen! »Alles«, wird er sagen: »was ich bisher getan, o möchte es doch ungetan sein; überschlage ich im Geiste alles, was ich gesagt habe, so beneide ich die Stummen; alles, was ich mir gewünscht habe, erscheint mir wie ein Fluch aus dem Munde der Feinde; alles, was ich gefürchtet habe, gute Götter, wieviel geringer war das anzuschlagen als das, was ich mit heißem Verlangen mir vergebens herbeiwünschte! Mit vielen habe ich in Feindschaft gestanden und habe mich, dem Hasse entsagend, wieder mit ihnen versöhnt, sofern überhaupt unter Übeltätern von Versöhnung die Rede sein kann: meine Freundschaft mit mir selbst steht noch auf schwachen Füßen. Ich habe mir redlich Mühe gegeben, mich aus der großen Menge herauszuheben und durch irgendwelchen Geistesvorzug die Augen auf mich zu lenken. Und der Erfolg? Er war kein anderer als der, daß ich mich wohlgezielten Angriffen ausgesetzt sah und den Böswilligen die Blößen zeigte, wo sie mich packen konnten. Siehst du sie, die meine Beredsamkeit preisen, meinem Reichtum nachlaufen, um meine Gunst buhlen, meine Macht in den Himmel heben? Sie alle sind nichts anderes als entweder meine Feinde oder, was dasselbe besagt, sie können es sein: die Schar der Bewunderer ist nicht größer oder kleiner als die der Neider. Warum richte ich mein Sinnen und Trachten nicht vielmehr auf etwas als gut Erprobtes, dessen ich mir innerlich gewiß bin, statt auf etwas, womit ich nach außen hin Staat mache? All das, was die Augen auf sich zieht, was die Vorübergehenden haltmachen läßt, was der eine dem anderen staunend zeigt – es ist nichts als äußerer Glanz ohne jeden inneren Wert.«

3. Schauen wir also aus nach einem nicht äußerlich glänzenden Gut, sondern einem solchen, das in sich gefestigt und gleichmäßig ist und seine höhere Schönheit von weniger bemerkbarer Seite zeigt! Das laßt uns ausfindig machen. Und es liegt nicht in der Ferne; man muß nur wissen, wohin man die Hand strecken soll. Jetzt tappen wir gleichsam im Finsteren, haben das sehnsüchtig Gesuchte unmittelbar vor uns und gehen dicht daran vorüber. Doch um dir lange Umwege zu ersparen, will ich mich nicht auf die Meinungen anderer einlassen – denn es wäre eine zeitraubende Sache, sie aufzuzählen und zu widerlegen –: laß dir meine Ansicht genügen. Wenn ich aber sage: *meine* Ansicht, so binde ich mich damit nicht an irgendeinen einzelnen Meister der Stoa: auch ich habe das Recht der eigenen Meinung. Daher werde ich mich an diesen oder jenen anschließen, werde einen anderen auffordern, einzelne Punkte seiner Meinung bestimmt hervorzuheben, und werde, wenn ich etwa erst zuletzt aufgerufen werde, nichts von dem, wofür sich meine Vorgänger ausgesprochen haben, verwerfen und nur erklären: »Ich stimme dafür, nur mit folgendem Zusatz.« Dabei halte ich mich, worin die Stoiker alle übereinstimmen, an die Natur. Von ihr nicht abzuirren, nach ihrem Gesetz und Beispiel sich zu bilden, das ist Weisheit. Glücklich also ist dasjenige Leben, das mit seiner Natur in vollem Einklang steht. Dies Ziel zu erreichen ist aber nicht an-

ders möglich als wenn zuvörderst der Geist gesund und im dauernden Besitz dieser seiner Gesundheit ist, wenn er ferner tapfer und voll Feuer ist, sodann auch im Leiden ein schönes Muster von Ergebenheit, in die Umstände sich schickend, achtsam auf den Körper und seine Bedürfnisse, doch nicht bis zur Ängstlichkeit, voll Bedacht auch für alles, was sonst zum Leben gehört, ohne die mindeste Überschätzung, bereit, des Schicksals Gaben zu nutzen, nicht aber, um sich zu ihrem Sklaven zu machen. Als Folge davon stellt sich – das ist dir auch ohne ausdrücklichen Hinweis darauf klar – andauernde Ruhe verbunden mit dem Gefühl der Freiheit ein unter Fernhaltung von allem, was uns reizt oder in Schrecken versetzt. Denn ist der Reiz der Sinnengenüsse geschwunden, so stellt sich statt dessen, was kleinlich, hinfällig und eben durch seine Lasterhaftigkeit schädlich ist, eine erstaunlich frohe Stimmung ein, unerschütterlich und sich immer gleichbleibend, sodann Friede und Eintracht der Seele, sowie hochherzige Gesinnung verbunden mit Sanftmut; denn wilde Rohheit hat ihren Ursprung immer nur in der Schwäche.

4. Man kann den Begriff des höchsten Gutes auch noch anders bestimmen, nämlich so, daß man denselben Inhalt mit anderen Worten umschreibt. Wird doch das nämliche Heer bald in gedehnterer, bald in mehr gedrängter Front aufgestellt, und entweder in einer von den Flügeln nach dem Zentrum eingebogenen oder in gerader Linie formiert, wobei, gleichviel wie es geordnet ist, seine Kraft sowie seine Bereitschaft, für dieselbe Sache einzutreten, die nämliche bleibt. Ähnlich steht es mit der Bestimmung

des höchsten Gutes: das eine Mal kann sie in gegliederter und weitläufiger, das andere Mal in kurzer und gedrängter Form gegeben werden. Es kommt also auf dasselbe hinaus, wenn ich sage: »Das höchste Gut ist eine alles Zufällige gering achtende, nur an der Tugend sich erfreuende Sinnesart« oder: »Eine unbeugsame Seelenkraft, kundig der Dinge, bedächtig und ruhig im Handeln, voll Menschenliebe und fürsorgender Teilnahme für die Umgebung.« Man kann auch so definieren, daß man sagt: »Glücklich ist derjenige Mensch, für den es nichts Gutes und Übles gibt als die gute und die schlechte Gesinnung, der der edlen Sitte huldigt, dem nichts über die Tugend geht, den Schicksalsfügungen nicht stolz aber auch nicht verzagt machen, der kein größeres Gut kennt als das, welches er sich selbst geben kann, dem die wahre Lust die Verachtung der Lüste ist.« Will man sich gehen lassen, so kann man das Nämliche ohne jede Schädigung oder Beeinträchtigung des Sinnes noch in diese und jene Form umgießen. Denn was hindert uns zu sagen, ein glückliches Leben habe seinen Bestand in einer freimütigen, aufrechten, unerschrockenen und standhaften Sinnesart, die, jeder Furcht, jeder Begierde enthoben, begeistert ist für die Ehre als einziges Gut, voll Abscheu gegen die Schande als einziges Übel, während alles übrige nichts ist als eitel Tand, das Lebensglück weder beeinträchtigend noch erhöhend, kommend und gehend ohne Vermehrung oder Verminderung des höchsten Gutes? Ihm, der auf so festem Grund steht, muß notwendig, mag er wollen oder nicht, heitere Stimmung beständige Gefährtin sein sowie auch ein herzlicher, weil aus dem Herzen kommender Frohmut; denn worüber er sich freut, das darf er sein Eigentum nennen, und seine Wünsche gehen nicht hinaus über das, worüber er zu gebieten hat. Sollte solcher Besitz nicht in vollem Maße aufwiegen die kümmerlichen, verächtlichen und rasch vorüberschwindenden Reizungen unseres armseligen Körpers? Der nämliche Tag, an dem er die Lust zu seinem Gebieter macht, macht auch den Schmerz zu seinem Herrn. Du hast ja doch ein offenes Auge für das Übele und Schädliche der Knechtschaft, in die derjenige sich begibt, den Lust und Schmerz, diese unbeständigsten und zügellosesten Herrscher, abwechselnd in Beschlag nehmen. Also gilt es sich loszuringen, um den Weg zur Freiheit zu gewinnen. Sie zu erlangen gelingt nur durch die Gleichgiltigkeit gegen das Schicksal: dann wird sich jenes unschätzbare Gut einstellen, jene fest in sich gegründete Seelenruhe und Geisteshoheit, jene erhabene und unerschütterliche Freude, die nach Austreibung des Irrtums aus der Erkenntnis der Wahrheit entspringt, jene Herzlichkeit und Gemütsheiterkeit, an der er seine Freude hat nicht als an Gütern an sich, sondern als an Früchten des ihm als Eigentum zugehörigen Gutes.

5. Da ich mit Begriffsbestimmungen einmal im Zuge bin, so sei noch folgendes hinzugefügt: Glücklich kann derjenige genannt werden, der weder von Begierden, noch von Furcht erregt wird, – wohlverstanden dank seiner vernünftigen Einsicht. Denn auch das Felsgestein ist frei von Furcht und Traurigkeit und ebenso das Vieh; doch wird sie niemand glücklich nennen, sie, denen jedes Bewußtsein des Glückes fehlt. Ebenso steht es mit denjenigen Menschen, die ihr Stumpfsinn und der Mangel an

Selbstbewußtsein auf die Stufe des Viehs und der leblosen Dinge gesetzt hat. Es ist kein Unterschied zwischen jenen und diesen; denn haben letztere überhaupt keine Vernunft, so haben zwar jene so etwas wie Vernunft, aber eine verkehrte, unheilvolle und widersinnig wirkende; kann doch niemand glücklich genannt werden, der von Wahrheit nicht die mindeste Ahnung hat. Das glückliche Leben gründet sich also auf ein richtiges und sicheres und keinen Schwankungen unterliegendes Urteil. Nur dann nämlich ist der Geist rein und aller Übel ledig, wenn er nicht nur gegen Lästerungen gefeit ist, sondern auch gegen Nadelstiche, fest entschlossen, nicht zu weichen von der Stelle, wo er einmal Fuß gefaßt hat, und seinen Platz gegen jede Wut und Feindseligkeit des Schicksals zu verteidigen; denn was die Sinnenlust anlangt, mag sie auch von allen Seiten sich uns aufdrängen und keinen Zugang unbenutzt lassen und die Seele mit ihren Reizmitteln umschmeicheln und bald dies bald jenes Register ziehen, um uns, sei es den Menschen im ganzen oder nach seinen einzelnen Organen, in begehrliche Unruhe zu versetzen, so frage ich doch: welcher Sterbliche, in dem auch nur eine Spur von Menschentum sich noch findet, möchte sich wohl Tag und Nacht kitzeln lassen und unter völliger Preisgabe der Seele all sein Denken und Trachten in den Dienst des Leibes stellen?

6. »Aber auch die Seele«, sagt man, »wird doch ihre Vergnügungen haben.« Ja, mag sie sie haben und über Schwelgerei und Sinnengenuß entscheiden, mag sie sich anfüllen mit alle dem, was gemeinhin der Sinnenlust dient, mag sie zurückschauen auf die Vergangenheit und

schwelgen in der Erinnerung an geschwundene Lusterregungen und schon auf der Lauer liegen für weiterhin kommende, mag sie Hoffnung an Hoffnung reihen und, während der Leib noch nicht fertig ist mit Verdauung der jetzigen Überfütterung, mit ihren Gedanken der weiterhin kommenden vorgreifen: in meinen Augen wird sie nur um so bedauernswerter sein; denn das Schlechte zu wählen statt des Guten ist nichts als Torheit. Ohne gesunde Vernunft kann niemand glücklich sein, und geistig gesund ist niemand, der das Schädliche erstrebt statt des Besten. Glücklich ist also nur, wer im Besitze gesunden Urteils ist; glücklich ist nur, wer mit seiner Lage, welcher Art sie auch sein mag, zufrieden ist und in Eintracht mit seinen Verhältnissen lebt; glücklich ist nur der, dessen ganze Lebenslage sich der Billigung der Vernunft erfreut.

7. Haben doch selbst diejenigen, die das höchste Gut in die Gedärme verlegt haben, ein Einsehen dafür, welche schimpfliche Stellung sie ihm angewiesen haben. Sie behaupten daher, die Lust könne von der Tugend nicht getrennt werden, und versichern, niemand könne tugendhaft leben, ohne zugleich lustvoll zu leben, und niemand lustvoll, ohne zugleich tugendhaft. Ich wüßte nicht, wie es möglich sei, so verschiedene Dinge zusammenzukoppeln. Laßt, ich bitte euch, den Grund hören für die angebliche Untrennbarkeit von Lust und Tugend! Wurzelt denn etwa, weil das Gute in der Tugend seine Quelle hat, in dieser auch das, worauf euer Sinnen und Trachten gerichtet ist? Allein, wären Lust und Tugend wirklich untrennbar, so würden wir im Leben nicht so manches zu

sehen bekommen, was angenehm, aber nicht tugendhaft, so manches hinwiederum, was in höchstem Maße tugendhaft, dabei aber voll Ungemach und nur unter Schmerzen zu erringen ist. Dazu kommt noch folgendes: Die Lust gesellt sich auch dem schimpflichsten Leben zu; die Tugend dagegen hat mit schlechtem Leben nichts gemein; und es gibt Leute, die unglücklich sind nicht aus Verzicht auf die Lust, sondern gerade um der Lust willen, was nicht der Fall wäre, wenn mit der Tugend die Lust untrennbar vereinigt wäre, auf welch letztere die Tugend oft verzichten muß, ohne sie indes jemals nötig zu haben. Warum stellt ihr Dinge zusammen, die einander nicht ähnlich, ja geradezu entgegengesetzt sind? Die Tugend ist etwas Hohes, Erhabenes und Königliches, unüberwindbar, nicht mürbe zu machen: die Lust etwas Niedriges, Sklavisches, Schwächliches, Einfältiges, dessen Heimstätte und Wohnort Bordelle und Garküchen sind. Der Tugend wirst du begegnen im Tempel, auf dem Forum, in der Kurie; sie steht als Wächterin vor den Mauern, staubbedeckt, mit gerötetem Antlitz, mit schwieligen Händen: die Lust dagegen versteckt sich häufiger in der Nähe von Bädern, Schwitzstuben und Bezirken, wo man vor der Polizei Angst hat, weichlich, kraftlos, von Wein und Salböl triefend, bleich oder geschminkt und durch Arzneien fast zum Leichnam gemacht. Das höchste Gut trägt den Stempel der Unsterblichkeit; es kennt kein Ende, keinen Überdruß, keine Reue; denn die rechte Sinnesart kennt keinen Wechsel und keinen Widerwillen gegen sich selbst und weicht keinen Finger breit ab von der besten Gestaltung des Lebens. Die Lust dagegen erlischt, sobald sie den Höhepunkt des Entzückens erreicht hat; sie hat keinen weiten Spielraum; daher bringt sie schnelle Sättigung, wird uns zum Ekel und welkt nach der ersten stürmischen Hingabe wieder ab. Es ist kein Verlaß auf irgend etwas, das seinen natürlichen Bestand in nichts anderem als in der Bewegung hat. So kann es denn auch durchaus keinen festen Gehalt haben; geht es doch ebenso schnell vorüber, wie es kommt, zum Untergang bestimmt durch die Art, wie es mit sich selbst verfährt; es eilt dem Ende zu, und der Anfang weist schon auf den Schluß hin.

8. Ist das Lustgefühl nicht ebensowohl eine Mitgabe für die Bösen wie für die Guten, und haben die Schurken etwa weniger Wohlgefallen an ihrer Schändlichkeit als die Tugendhaften an den sie auszeichnenden Vorzügen? Daher das alte Mahnwort, dem besten Leben müsse man nachtrachten, nicht dem lustvollsten; denn die Lust soll sich nicht zum Leiter des rechten und guten Willens aufwerfen, sondern soll nur sein Begleiter sein. Soll doch unser Führer die Natur sein: sie ist es, auf welche die Vernunft achtet und deren Rat sie einholt. Glücklich leben und naturgemäß leben kommt also auf dasselbe hinaus. Was das besagen will, darüber sei folgende Auskunft erteilt: Wir müssen uns an unsere körperlichen Anlagen und das, was unserer Natur entspricht, achtsam und ohne Zagen als an vergängliche und flüchtige Dinge halten, dürfen uns nicht in ihre Knechtschaft begeben und sie, die nicht unser eigentliches Ich sind, nicht zu Herren über uns werden lassen, müssen vielmehr, was dem Körper erwünscht ist und was uns von außen her zukommt, so betrachten, als wären es Hilfstruppen und Leichtbewaff-

nete im Heereslager – uns zu dienen sind sie bestimmt, nicht uns zu beherrschen –; nur dann sind sie unserem Geiste als unserem eigentlichen Wesen nützlich. Unzugänglich und unüberwindlich für äußere verderbliche Einflüsse sei der Mann, sei ein Bewunderer nicht anderer, sondern seiner selbst, habe Zutrauen zu sich und sei auf alles gefaßt, ein Selbstgestalter seines Lebens. Sein Selbstvertrauen sei nicht ohne Einsicht, seine Einsicht nicht ohne Beharrlichkeit: was er einmal beschlossen, das soll auch Bestand haben, und seine Entscheidungen sollen nicht rückgängig gemacht werden. Selbstverständlich wird ein solcher Mann ein Meister tadelloser Haltung sein und in allen seinen Handlungen Zeugnis ablegen von Hochherzigkeit verbunden mit Menschenfreundlichkeit. Die Außenwelt soll er erforschen mit dem durch die Sinnesorgane erregten Verstand, und diese Anregung soll er zum Ausgangspunkt nehmen – denn er hat keinen anderen Anhalt für sein Beginnen und für Befriedigung seines Bedürfnisses, der Wahrheit auf die Spur zu kommen – aber er soll in sich selbst zurückkehren. Denn auch die alles umfassende Welt und ihr Leiter, die Gottheit, hat zwar ein Streben nach außen, kehrt aber von allen Richtungen her in sich selbst zurück. Ebenso soll es unser Geist halten: hat er sich, der Anregung seiner Sinnesorgane folgend, mit der Außenwelt beschäftigt, so zeige er sich ihrer wie seiner selbst mächtig. Auf diese Weise wird sich jene einheitliche Kraft und Macht bilden, die mit sich in Einklang steht und deren Frucht jene unerschütterliche Einsicht ist, die keinen Zwiespalt kennt und sich nicht verfängt in bloßen Meinungen, Vorstellungen und Einbildungen. Wenn sie zu ihrer rechten

Gliederung und zu allseitigem Zusammenschluß und, so zu sagen, zu harmonischem Zusammenklang gelangt ist, dann hat sie die Schwelle des höchsten Gutes erreicht. Denn da findet sich nichts Verkehrtes, nichts Unsicheres mehr, nichts, woran sie straucheln und zu Fall kommen könnte. Alles wird da der Mensch auf eigenen Befehl tun, und nichts wird sich ereignen, worauf er nicht gefaßt wäre, wenn er mit Leichtigkeit und Entschlossenheit und ohne zu zögern zum Handeln schreitet. Denn Trägheit und Unentschlossenheit ist ein Zeichen von innerem Kampf und Unbeständigkeit. Darum kann man kühnlich sagen, das höchste Gut sei Seeleneintracht. Denn da kann es wohl an Tugenden nicht fehlen, wo Übereinstimmung und Einheit sich findet: Zwietracht hat ihren Sitz bei den Lastern.

9. »Indes auch du«, wendet man ein, »huldigst der Tugend aus keinem anderen Grunde, als weil du von ihr irgendwelche Lust erwartest.« Erstens, wenn die Tugend irgendwelche Lust gewähren sollte, so folgt daraus nicht, daß sie um dieser willen erstrebt werde; denn sie gewährt nicht schlechtweg Lust, sondern gewährt diese nur zugleich mit, und sie strengt sich nicht für diese an, sondern ihre Anstrengung wird, wenn sie auch auf etwas anderes abzielt, doch diese zugleich mit erlangen. So wie auf einem Acker, der durch den Pflug für die Saat gelockert ist, mancherlei Blumen mit aufwachsen, ohne daß etwa für dieses Nebengewächs, mag es auch dem Auge gar wohl tun, soviel Mühe verwandt worden wäre – die Absicht des Säemanns war eine andere, das hat sich nur nebenbei eingefunden –, so ist die Lust nicht Lohn oder Grund der

Tugend, und sie gefällt nicht, weil sie ergötzt, sondern wenn sie gefällt, so ergötzt sie zugleich. Das höchste Gut liegt in unserem Urteilsvermögen selbst und in dem bestbeschaffenen Verstande; hat dieser seine Bestimmung erreicht und hat er sich seine festen Grenzen gebildet, dann ist das höchste Gut zu seiner Vollendung gelangt und verlangt nach nichts Weiterem; denn über das Ganze hinaus gibt es nichts, so wenig wie über das Ende hinaus. Daher gehst du fehl, wenn du fragst, was es sei, um deswillen ich die Tugend erstrebe; denn du fragst nach etwas, was über das Höchste hinausgeht. »Was verlangst du denn von der Tugend?« So fragst du. Ich antworte: »sie selbst.« Denn sie hat nichts, was besser wäre als sie, sie ist sich selbst ihr Preis. Oder ist das etwa zu wenig? Wenn ich dir sage: »Das höchste Gut ist eine unerschütterliche Unbeugsamkeit, Umsicht, Erhabenheit, Gesundheit, Freiheit, Harmonie und Schönheit der Seele«, forderst du auch dann noch irgend etwas Höheres, durch das diese Vorzüge erst ihre volle Bedeutung erhalten? Was redest du nur von Lust? Des Menschen Bestes ist es, worauf ich es abgelegt habe, nicht des Bauches, der geräumiger ist beim Vieh und beim Wild.

10. »Du willst mich absichtlich nicht verstehen«, entgegnest du: »behaupte ich doch, niemand könne lustvoll leben, wenn er nicht gleichzeitig auch tugendhaft lebt, was bei verstandlosen Tieren nicht möglich ist wie überhaupt nicht bei solchen, die ihr ganzes Glück im Essen finden. Klar und offen, behaupte ich, trete ich dafür ein, daß dasjenige Leben, das ich als lustvolles bezeichne, ohne Einfluß der Tugend nicht möglich ist.« Gut. Aber

wer weiß nicht, daß gerade die Stumpfsinnigsten es am meisten mit diesen eueren Erlustigungen halten, und daß das Laster in Lustbarkeiten geradezu schwelgt, ja, daß die Seele selbst darauf ausgeht, allerlei verderbliche Arten der Lust für sich ausfindig zu machen? Vor allem Übermut und Selbstüberschätzung und eine über die anderen sich erhaben dünkende Aufgeblasenheit; ferner blinde und jeder Umsicht bare Verliebtheit in alles Eigene, reichliche Üppigkeit, stürmisches Frohlocken über Kleinigkeiten und Kindereien, ferner witzelnde Geschwätzigkeit und hoffärtige Schmähsucht, mattherzige und schläfrige Trägheit und Schlaffheit. Mit alle dem räumt die Tugend gründlich auf, hält strenge Musterung und schätzt die Lüste gegeneinander ab, ehe sie Zulaß gewährt; ja, selbst diejenigen, denen sie ihre Billigung nicht versagt hat, schätzt sie nicht hoch ein oder läßt sie unter allen Umständen zu: was ihr Freude macht, ist nicht der Genuß, sondern die Mäßigung im Genuß. Die Mäßigung aber mindert den Einfluß der Lüste, und darum vergreift sie sich an deinem höchsten Gute. Du umschlingst die Lust mit beiden Armen, ich dämpfe sie; du schwelgst in der Lust, mir ist sie nur Mittel zum Zweck; du hältst sie für das höchste Gut, ich überhaupt nicht für ein Gut; du tust alles der Lust wegen, ich nichts.

11. Wenn ich sage, ich tue nichts um der Lust willen, so rede ich von jenem Weisen, dem du allein die Lust (als berechtigtes Prinzip) zuerkennst. Ein Weiser aber ist in meinen Augen nicht der, der noch irgend etwas über sich hat und vollends gar die Lust: von ihr beherrscht, wie könnte er die Widerstandskraft finden gegen Mühsal und

Gefahr, gegen Armut und gegen die zahlreichen das Menschenleben umschwirrenden Bedrohungen? Wie wird er den Anblick des Todes, wie die Schmerzen aushalten? Wie das Krachen des Weltgefüges und die gewaltigen Scharen grimmigster Feinde, er, der sich von einem so weichlichen Gegner hat überwinden lassen? »Alles, wozu die Lust ihm rät, wird er tun.« Schau' hin! Siehst du nicht, wie vieles sie ihm anraten wird? »Sie kann ihm nichts Schimpfliches raten«, lautet die Entgegnung, »weil sie Gefährtin der Tugend ist.« Siehst du da nicht abermals, wie es mit dem höchsten Gute bestellt ist, das eines Wächters bedarf, um überhaupt ein Gut zu sein? Wie aber wäre die Tugend imstande, die Lust zu beherrschen, deren Wink sie folgt? Ist Folgsamkeit nicht Sache des Gehorchenden, Leitung Sache des Befehlenden? Kehrst du die Stellung von beiden um? Ein herrliches Amt aber hat bei euch die Tugend als Vorkosterin im Dienste der Lust! Doch es wird sich herausstellen, ob bei denen, die mit der Tugend so schmachvoll umgehen, überhaupt noch von Tugend die Rede ist; kann sie doch ihren Namen nicht mehr führen, wenn sie von ihrem Platze hat weichen müssen. Einstweilen genügt es, hinsichtlich des vorliegenden Themas euch zahlreiche Beispiele anzuführen von Männern, die ganz den Lüsten ergeben, vom Glück mit allen seinen Gaben überschüttet wurden, und von denen du gleichwohl eingestehen mußt, daß sie erbärmliche Gesellen waren. Schau hin auf euern Nomentanus und Apicius, die die Leckerbissen von Land und Meer – diese köstlichen Güter, wie sie sie nennen – verdauen und auf ihrem Tische eine Musterkarte der ganzen Tierwelt ausgebreitet sehen. Schau' hin auf diese

Nämlichen, wie sie auf Rosenlager gebettet ihre Blicke über die Erzeugnisse ihrer Garküche schweifen lassen, wie sie ihre Ohren weiden am Klange der Gesänge, ihre Augen an Schauspielen, ihren Gaumen an Leckerbissen! Durch weiche und sanfte Wärmkissen wird ihr ganzer Leib zur Empfänglichkeit angeregt, und, um auch die Nase mit zu beschäftigen, wird auch der Ort selbst, wo man der Üppigkeit opfert, mit allerhand Wohlgerüchen erfüllt. Von diesen mußt du doch sagen, daß sie in Lustbarkeit leben, und doch wird ihnen nicht wohl sein, weil es kein Gut ist, an dem sie ihre Freude haben.

12. »Allerdings«, heißt es darauf, »wird es ihnen nicht wohl zu Mute sein; denn es kommt ihnen mancherlei der Quere, was sie in ihrer Stimmung stört, und der Zwiespalt in ihrem Inneren wird ihren Geist beunruhigen.« Daß dem so sein wird, gebe ich zu; allein nichtsdestoweniger werden jene Toren selbst trotz ihrer inneren Unausgeglichenheit und trotz des Druckes der Reue, unter dem sie liegen, große Lustempfindungen genießen, so daß man gestehen muß, sie seien in solcher Lage von jedem Gefühl der Belästigung ebensoweit entfernt wie von der rechten Sinnesart, und, wie das bei den meisten der Fall ist, sie seien in einem heiteren Wahnsinn und in lachender Tollheit befangen. Dagegen sind die Lustempfindungen der Weisen zurückhaltend, maßvoll und beinahe matt, gedämpft und kaum bemerkbar; stellen sie sich ja doch ungerufen ein, und obschon sie sich von selbst eingefunden haben, werden sie doch nicht mit hohen Ehren und mit besonderer Freude von seiten der Genießenden empfangen; man mischt sie ins Ganze mit ein und gewährt

ihnen einen Anteil am Leben, wie man Spiel und Scherz dem Ernste beigesellt.

Weg also mit dieser Verdoppelung des nicht Zusammengehörigen, mit dieser Verflechtung der Lust und der Tugend, einer Verkehrtheit, mit der man nur den verworfensten Gesellen schmeichelt! Siehe da diesen ausgemachten Wollüstling, der sich immer wieder entlädt und in Trunkenheit taumelt: er weiß, daß er ein lustvolles Leben führt, und darum glaubt er, dies Leben sei auch ein tugendhaftes; hört er doch von anderen, die Lust sei untrennbar von der Tugend, und darum gibt er seine Laster für Weisheit aus und bekennt sich offen zur Schamlosigkeit. Es ist also nicht Epikur, von dem sie den Antrieb zu ihrer Schwelgerei erhalten haben; nein, ihren Lastern ergeben, verbergen sie ihre Genußsucht in den Falten seines Philosophenmantels und drängen sich dahin, wo, wie sie hören, das Lob der Lust erklingt. Und dabei beachten sie nicht – und das ist wahrhaftig meine Überzeugung –, wie nüchtern und trocken sich die Lust in der Auffassung Epikurs darstellt, sondern der bloße Name macht, daß sie herbeieilen, um. für ihre Lustbegierden einen Schirm und Schleier zu finden. So geht ihnen denn auch das einzige Gute verloren, was sie in ihrer Schlechtigkeit noch hatten, die Scheu vor der Sünde. Denn sie loben nun das, wovor sie vorher immerhin noch erröteten; ja sie rühmen sich nun ihres Lasters; und so darf jene verschwindende Scheu überhaupt nicht wagen, sich wieder zur Geltung zu bringen, nachdem das schimpfliche Lotterleben einmal einen ehrbaren Titel bekommen hat. Darin liegt der Grund des verderblichen Einflusses jener Anpreisung der Lust: was sittlich aufklärend und belehrend wirkt, das entzieht sich zunächst den Blicken; was aber die Sitten verdirbt, das liegt offen zu Tage.

13. Ich selbst bin trotz des vermutlichen Widerspruchs meiner philosophischen Zunftgenossen der Meinung, daß des Epikur Lehre sittlich tadelfrei und richtig ist und, wenn man ihr näher tritt, sogar nicht frei von einer gewissen Härte; denn jene Lust wird im Grunde auf ein äußerst bescheidenes Maß zurückgeführt, und die Forderung, die wir an die Tugend stellen, stellt er an die Lust: sie soll der Natur gehorchen; der Natur aber genügt ein äußerst bescheidenes Maß von Üppigkeit. Wie steht es also? Jener, der seine Faulenzerei und den Wechsel von Küche und Bordell Glück nennt, sucht nach einem ehrenwerten Gewährsmann für eine schlechte Sache, und ist er, angelockt durch den verführerischen Namen, an Ort und Stelle angelangt, dann ergibt er sich der Lust, und zwar nicht der, von welcher er dort hört, sondern der, die er selber mitgebracht hat, und hat er sich einmal eingeredet, seine Laster stünden mit der Lehre in leidlicher Übereinstimmung, so fröhnt er ihnen ohne Scheu und wirft sich der Schwelgerei in die Arme nicht mehr im Verborgenen, sondern fortab erhobenen Hauptes. Daher behaupte ich nicht, wie die meisten der Unseren, Epikurs Schule sei eine Lehrerin der Laster; vielmehr lautet meine Behauptung so: man spricht übel von ihr, sie ist verrufen und zwar mit Unrecht. Wie kann das einer wissen, wenn er nicht in ihr eigentliches Heiligtum Zutritt erhalten hat? Ihre Außenseite ist es eben, die unwillkürlich Anlaß zu solchem Grunde gibt und zu schlimmen Erwartungen verleitet. Es steht damit, wie mit einem Hel-

den, der sich in Weiberkleidung gehüllt hat. Du bist deiner Ehrbarkeit sicher, deine Mannbarkeit ist unangetastet, dein Körper frei von jeder schimpflichen Berührung; aber in der Hand führst du die Pauke. Möge man also eine ehrbare Aufschrift und äußere Bezeichnung wählen, die schon durch sich selbst der Seele eine Anregung gibt! Diejenige Bezeichnung, die sich für diese Schule eingebürgert hat, schmeichelt dem Körper und hat geradezu eingeladen zu den Lastern, die sich alsbald eingefunden haben. Wer zur Sache der Tugend hält, der legt auch Proben ab von seiner edlen Anlage; wer aber der Lust nachgeht, der zeigt sich entnervt, geknickt, der Männlichkeit bar und in Gefahr, der Schande zu verfallen, wenn ihm nicht einer klaren Aufschluß gegeben hat über die unterschiedlichen Arten der Lust, um ihn zu der Erkenntnis zu bringen, welche von ihnen sich innerhalb des natürlichen Bedürfnisses halten, und welche von ihnen blindlings dahin stürmen und sich ins Grenzenlose verlieren und um so unersättlicher sind, je mehr sie gesättigt werden. Wohlan denn, man lasse der Tugend den Vortritt, und jeder Schritt wird gesichert sein. Ein Übermaß von Lust ist schädlich: bei der Tugend braucht man nicht zu fürchten, daß ein Übermaß bei ihr eintrete, denn in ihr selbst liegt ja das Maß. Das ist kein Gut, was mit seiner eigenen Größe zu ringen hat. Wer von Natur ein vernunftbegabtes Wesen ist, was kann dem Besseres dargeboten werden als die Vernunft? Und wenn du Gefallen findest an jener Verdoppelung von Tugend und Lust und nur in diesem Geleite den Weg zum glücklichen Leben zurücklegen willst, gut, so gehe die Tugend voran, die Lust sei nur ihr Begleiter und schwebe wie ein Schatten um den Körper. Die Tugend, diese erhabenste Herrscherin, zur Magd der Lust zu machen, dazu kann nur der sich verstehen, dem für wirkliche Größe jede Auffassung fehlt.

14. Voran gehe die Tugend, sie sei die Bannerträgerin; an Lust wird es uns trotzdem nicht fehlen; doch werden wir sie zu beherrschen und zu mäßigen wissen; durch Bitten wird man uns etwas abgewinnen können, durch Zwang niemals. Dagegen bringen sich diejenigen, die der Lust den Vorrang einräumen, um beides; denn die Tugend geht ihnen verloren, und was die Lust betrifft, so sind sie nicht Herren derselben, sondern ihre Sklaven, indem sie entweder durch den Mangel daran gequält oder durch die Überfülle erstickt werden, erbarmungswert, wenn sie sich, von ihr verlassen sehen, erbarmungswerter, wenn sie von ihr überschüttet werden, ähnlich denen, die den Gefahren des Syrtenmeeres preisgegeben sind und die bald auf dem Trockenen sitzen bleiben, bald wieder in wogender Flut dahingeschaukelt werden. Das ist die Folge des Übermaßes an Zügellosigkeit und der (blinden) Vernarrtheit in wer weiß was; denn wessen Streben statt auf Gutes auf Schlechtes gerichtet ist, für den ist es gefährlich, seinen Wunsch zu erreichen. Wie wir auf wilde Tiere mit Mühe und Gefahr Jagd machen und selbst, wenn es gelungen ist sie einzufangen, ihr Besitz doch kein unbedenklicher ist – denn oft zerfleischen sie ihre Herren –, so steht es auch mit den starken Aufregungen der Lust: sie schlagen zum großen Unheil aus, und, in unsere Gewalt gebracht, bewältigen sie uns selbst. Je zahlreicher und größer sie sind, um so tiefer sinkt der, den die Menge

den Glücklichen nennt, und um so größer ist die Zahl derer, deren Sklave er ist.

Ich möchte bei diesem Bild noch etwas länger verweilen: Wie der Jäger, der das Lager des Wildes aufspürt und nicht geringen Wert darauf legt

mit der Schlinge zu fangen das Wild

und

mit Hunden zu sperren den
weit sich dehnenden Bergwald,

um seiner Spur zu folgen, Wichtigeres im Stich läßt und sich vielen Obliegenheiten entzieht, so läßt der, welcher der Lust nachjagt, alles andere liegen, und die Freiheit ist das erste, was er preisgibt und seinem Bauche opfert: weit entfernt, sich die Lust zu erkaufen, verkauft er vielmehr sich selbst der Lust.

15. »Aber was steht denn«, heißt es zur Erwiderung darauf, »dem im Wege, daß Tugend und Lust sich zur Einheit verschmelzen und so das höchste Gut geschaffen wird, dergestalt, daß zwischen Sittlichkeit und Lust kein Unterschied mehr besteht?« Darum, weil, was ein Teil des Sittlichen ist, notwendig auch sittlich sein muß, und weil das höchste Gut sich nicht mehr im Vollbesitz seiner Reinheit fühlen wird, wenn es etwas in sich bemerkt, was von dem Besseren absticht. Auch die Freude, die der Tugend entquillt, so gut sie auch ist, ist doch kein Teil des unbedingt Guten, ebensowenig wie Fröhlichkeit und Ruhe, mögen die Ursachen, aus denen sie stammen, auch noch so schön sein; denn sie gehören zwar zu den Gütern, sind aber nur Folgen des höchsten Gutes, nicht eigent-

liche Bestandteile desselben. Wer aber Tugend und Lust zur Gemeinschaft verbindet und zwar nicht einmal mit gleichem Rang für beide, der schwächt durch die Gebrechlichkeit des einen Gutes alle Lebenskraft des anderen ab und macht die Freiheit, sie, die nur dann unüberwindlich ist, wenn sie nichts Wertvolleres über sich kennt, zur Sklaverei. Denn fortan bedarf sie der Gunst des Schicksals, und das ist die schwerste Knechtschaft. So kommt es denn zu einem Leben voll Angst, Mißtrauen, Zagen, Furcht vor dem Zufall und vor zeitlichen Wechselfällen. Du gibst der Tugend kein wuchtiges, unerschütterliches Fundament, sondern weisest ihr einen wandelbaren Standort an; was aber wäre so wandelbar als die Erwartung von Zufälligkeiten und die schwankende Beschaffenheit des Körpers und der den Körper beeinflussenden Dinge? Wie kann man da der Gottheit gehorsam bleiben und alles, was da kommen mag, mit edler Fassung über sich ergehen lassen ohne Klage über das Schicksal, vielmehr bereit, alles Schlimme zum Besten auszulegen, wenn man schon die leiseste Regung von Lust und von Schmerz über sich Herr werden läßt? Ja, selbst dem Vaterlande kann man kein Beschützer oder Retter sein, sowenig wie ein Verteidiger seiner Freunde, wenn unsere Neigung nun einmal den Lüsten zugewendet ist. Es muß also das höchste Gut sich zu jenem Punkte erheben, von dem es durch keine Gewalt herabgezogen werden kann, zu dem weder Schmerz noch Hoffnung noch Furcht noch sonst irgend etwas Zutritt hat, was dem guten Rechte des höchsten Gutes Eintrag tun könnte. Diese Höhe kann aber nur die Tugend erklimmen. Ihren Schritt muß man einhalten, um jenem Gipfelpunkt siegreich beizukommen. Sie wird heldenhaft standhalten und was auch kommen mag ertragen, nicht nur geduldig, sondern auch willig, und wird sich immer dessen bewußt sein, daß jede zeitliche Schwierigkeit in dem Gesetz der Natur begründet ist; sie wird wie ein braver Soldat sich ihre Wunden gefallen lassen, wird ihre Narben zählen und, von Geschossen durchbohrt, sterbend noch denjenigen lieben, für den sie fällt, ihren Feldherrn; es wird ihr der alte Spruch vorschweben: folge der Gottheit! Wer aber klagt und jammert und seufzt, der wird gewaltsam gezwungen, dem Befehle, nachzukommen und trotz allen Widerstrebens zum Gehorsam genötigt. Welche Torheit aber ist es, sich zwingen zu lassen, statt folgsam zu sein. Wahrhaftig, ebenso wie es Einfältigkeit und Verkennung der eigenen Lebensbedingungen ist, wenn man sich darüber grämt, daß man auf etwas verzichten muß oder einen Stein des Anstoßes wegzuräumen hat, nicht minder auch, wenn man sich verwundert oder unwillig ist über Dinge, von denen die Guten ebensowenig verschont bleiben wie die Bösen, als da sind Krankheiten, Todesfälle, Gebrechlichkeit und was sonst dem menschlichen Leben in die Quere kommt. Was nach dem unabänderlichen Weltenplan an Leiden uns auferlegt ist, das müssen wir guten Mutes auf uns nehmen. Wie durch Fahneneid sind wir verpflichtet, uns mit dem Los der Sterblichkeit abzufinden und uns nicht irre machen zu lassen durch das, was zu meiden nicht in unserer Macht steht. Wir leben in einer Monarchie: der Gottheit zu gehorchen ist Freiheit.

16. In der Tugend aber ist das Glück begründet. Diese Tugend aber, welche Ratschläge wird sie dir erteilen?

Du sollst nichts für ein Gut oder für ein Übel halten, für dessen Vorkommen weder Tugend noch Bösartigkeit in Frage kommt; sodann mußt du unerschütterlich deinen Platz behaupten, sowohl im Kampf gegen das Schlechte, wie in der Verteidigung des Guten, um, soweit es möglich ist, dich zu einem Ebenbild Gottes zu machen. Was verspricht sie dir für die Mühen dieses Feldzuges? Einen erhabenen und fast göttlichen Lohn: Du wirst zu nichts gezwungen sein, wirst niemandes Hilfe bedürfen, wirst frei sein, sicher und ungeschädigt; nichts wirst du vergebens in Angriff nehmen, in nichts gehindert werden; alles wird dir nach Wunsch gehen, nichts gegen deine Annahme und deinen Willen. »Also wie? Reicht die Tugend aus zum glücklichen Leben?« In ihrer Vollendung und Göttlichkeit – warum sollte sie nicht ausreichen, ja ihre Gaben sogar im Überfluß bieten? Denn was könnte dem fehlen, der jedes Wunsches bar ist? Was braucht der von außen her, der alles, dessen er bedarf, in sich selbst gesammelt hält? Wer dagegen erst zur Tugend hinanstrebt, der bedarf, wenn er auch schon weit fortgeschritten ist, doch noch einiger Gunst des Schicksals; denn noch hat er mit menschlicher Unzulänglichkeit zu ringen, bis er jeden Knoten löst und jede Fessel der Sterblichkeit sprengt. Worin besteht also der Unterschied? Darin, daß die einen fest an das Irdische gebunden, die anderen an ihren Beruf gefesselt oder auch mit Geschäften überhäuft sind, während der, der zum Höheren fortschreitet und sich aufwärts bewegt, nur eine lose Kette noch an sich trägt, noch nicht der vollen Freiheit teilhaftig, aber doch beinahe so gut wie ein Freier.

17. Wenn also einer von denen, die gegen die Philosophie losbelfern, in gewohnter Weise sagt: »Warum bist du im Worte tapferer als im Leben? Warum sprichst du einem Höheren nach dem Munde, warum hältst du Geld für ein dir unentbehrliches Hilfsmittel, warum erregst du dich über Verluste, warum vergießt du Tränen bei der Nachricht von dem Tode der Gattin oder eines Freundes, und warum kümmerst du dich um das Gerede der Leute und fühlst dich durch ihre bösen Zungen verletzt? Warum ist dein Landgut besser gepflegt, als es der natürliche Bedarf erfordert? Warum hältst du dich mit deiner Mahlzeit nicht an deine eigene Vorschrift? Warum hast du so zierliches Hausgeräte? Warum trinkt man bei dir Wein, der älter ist als du selbst? Warum wendet man Sorge auf das Landschaftsbild? Warum pflanzt man Bäume, die weiter sonst nichts hergeben als Schatten? Warum trägt deine Frau das ganze Vermögen eines reichen Hauses als Schmuck an den Ohren? Warum werden deine Sklaven in kostbare Kleider gesteckt? Warum wird bei dir eine Kunst daraus gemacht, die Gäste zu bedienen, warum wird das Silbergeschirr nicht nach Zufall und Belieben, sondern mit Sachkenntnis aufgestellt, warum gibt es einen besonderen Vorschneider des Fleisches?« Beliebt dir's, so kannst du in diesem Tone noch fortfahren: »Warum hast du Besitzungen jenseit des Meeres? Warum mehr als du kennst? Warum bist du zu deiner Schande entweder so unachtsam, daß du deine Handvoll Sklaven nicht kennst, oder so verschwenderisch, daß du mehr hast, als daß dein Gedächtnis ausreichte, dir ihre Namen zu merken?« – Ich werde weiterhin deine Schmähungen noch verstärken und mir mehr Vorwürfe machen, als du es für möglich hältst.

Für den Augenblick beschränke ich mich auf folgendes: Ich bin kein Weiser, und – um deinem Übelwollen noch mehr Nahrung zu geben – ich werde es auch nicht werden. Verlange also nicht von mir, daß ich den Besten gleich sei, sondern nur, daß ich besser sei als die Schlechten. Es ist mir genug, wenn ich Tag für Tag meine Fehler um etwas herabmindere und mir über meine Verirrungen Vorhalt tue. Ich bin nicht zu voller Gesundheit gelangt, und ich werde es auch nicht; es sind mehr Linderungsmittel als Heilmittel für mein Podagra, mit dem ich mir zu schaffen mache, zufrieden, wenn es sich seltener einstellt und weniger Plage macht. Indes mit eurem Gehwerk verglichen, ihr Schwächlinge, bin ich ein Läufer. Das sage ich nicht in meinem Namen – denn ich fühle mich noch mitten im Gewoge aller Fehler –, sondern im Namen eines derer, die bereits etwas vor sich gebracht haben.

18. »So sprichst du«, heißt es darauf, »aber dein Leben nimmt sich ganz anders aus.« Das ist der Vorwurf, ihr bösartigen und gerade den besten Männern aufsässigsten Gesellen, der dem Platon, der dem Epikur, der dem Zenon gemacht worden ist. Alle diese Männer wollten ja keine Auskunft geben darüber, wie sie selbst lebten, sondern wie zu leben ihnen selbst von nöten wäre. Von der Tugend rede ich, nicht von mir, und wenn ich die Laster schmähe, so schmähe ich an erster Stelle die meinigen. Sobald ich die Kraft dazu erlangt habe, werde ich leben, wie es sich gehört. Und eure in Gift getauchte Bosheit soll mich nicht abschrecken von dem unbedingt Guten; selbst das Gift, mit dem ihr andere bespritzt, euch selbst aber tötet, soll mich nicht abhalten, ohne Unterlaß ein Leben zu preisen, nicht

wie ich es führe, sondern wie es nach meiner festen Überzeugung geführt werden muß, soll mich nicht abhalten, die Tugend anzubeten und in weitestem Abstand mich mühselig ihr nachzuschleppen. Soll ich denn etwa erwarten, daß von der Böswilligkeit irgend etwas verschont bleibe, von ihr, der weder ein Rutilius noch ein Cato heilig war? Was hat es denn auf sich, wenn diesen Leuten, denen der Zyniker Demetrius nicht arm genug ist, irgend jemand zu reich vorkommt? Von einem Mann strengster Selbstzucht, der gegen alle Bedürfnisse der Natur den Kampf besteht, und der um so ärmer ist als die übrigen Zyniker, weil, während diese sich nur den Besitz versagt haben, er auch schon das Verlangen danach sich versagte – von einem solchen Manne wagen sie zu behaupten, er sei nicht dürftig genug! Denn du weißt: er ist nicht nur ein Lehrer der Tugend, sondern auch der Armut.

19. Diodorus, ein Epikureischer Philosoph, der sich kurzweg entschloß, seinem Leben mit eigener Hand ein Ende zu machen, hat, so behauptet man, nicht nach den Grundsätzen Epikurs gehandelt, wenn er sich die Kehle abschnitt: die einen erklären diese Tat für Wahnsinn, die anderen für Unbesonnenheit. Er indes hat, im Gefühl seines Glückes und mit seinem Gewissen völlig im reinen, sich beim Scheiden aus dem Leben selbst ein Zeugnis ausgestellt: er pries die Ruhe seines im Hafen angelangten und vor Anker gegangenen Lebens und bekräftigte, dies durch die Worte, die ihr mit Unbehagen vernahmet, als ob ihr dem Beispiele folgen solltet:

Ja, ich habe gelebt, vollendend, was mir beschieden.

Ihr redet hin und her über des einen Leben und über des anderen Tod, und bei Nennung großer und rühmlich bekannter Männer belfert ihr wie kleine Hunde, denen unbekannte Menschen in den Weg kommen; denn für euch ist es vorteilhaft, daß niemand als gut gilt, weil die Tugend anderer sich wie ein Vorwurf ausnimmt für alle Schurken. Voll Neid vergleicht ihr Glanzvolles mit eurem Schmutz und habt kein Einsehen dafür, welchen Schaden ihr von diesem Wagnis zu gewärtigen habt. Denn wenn diejenigen, die es mit der Tugend halten, habsüchtig, wollüstig, ehrgeizig sind, was seid denn dann ihr, denen schon der Name Tugend ein Greuel ist? Ihr behauptet, niemand handle so, wie er sich in Worten gibt, niemand lebe nach dem Muster, das er im Munde führt. Was Wunder? Reden sie doch von Heldentaten, von Dingen, die noch nie dagewesen und die über alle Stürme des Menschenlebens hinausgehen; denn sie suchen sich loszureißen von den Marterpfählen, an die ein jeder von euch sich selbst eigenhändig festnagelt; kommt es aber zur Todesstrafe, so hängt jeder nur an einem einzigen Marterpfahl; diejenigen dagegen, welche auf sich selbst acht haben, sind nicht an *einem* Pfahl angenagelt, sondern an so vielen, als sie Leidenschaften in sich bergen. Sie sind Lästerer und haben eine starke Ader für Schmähungen gegen andere. Ich möchte glauben, sie würden das unterlassen, wenn nicht manche noch vom Galgen herab die Zuschauer mit ihrem Auswurf besudelten.

20. »Die Philosophen leisten nicht, was sie in Worten lehren.« Aber sie leisten eben dadurch, daß sie lehren, daß sie edle Ziele geistig erfassen. Denn wenn sie gründ-

lich genau ihren Worten gemäß handelten, was gäbe es Beglückteres als sie? Vor der Hand liegt kein Grund vor, gute Worte und aus gutem Herzen kommende treffliche Gedanken zu verachten. Die Beschäftigung mit heilsamen Studien bleibt löblich auch ohne den tatsächlichen Erfolg. Was Wunder, wenn diejenigen, die steile Höhen in Angriff genommen haben, nicht bis zum Gipfel hinauf gelangen? Aber wenn du das Herz auf dem rechten Flecke hast, so versage denen, die Großes versuchen, auch wenn sie stürzen, nicht deine Achtung! Es zeugt von edler Sinnesart, wenn man, nicht sowohl die eigene Kraft dabei in Rechnung ziehend als die unserer Menschennatur überhaupt, sich an hohe Aufgaben wagt und sich im Geist höhere Ziele setzt, als wie sie auch hervorragend begabte Männer erreichen können. Nimm an, es stelle sich einer die Aufgabe: »Beim Anblicke des Todes soll meine Miene keine andere sein als bei dem einer Komödie. Keine Anstrengungen, sie mögen so groß sein wie sie wollen, werde ich scheuen; denn ich mache den Geist zur Stütze des Körpers. Reichtümer werde ich verachten, gleichviel ob sie mir gehören oder einem anderen, weder trauriger gestimmt, wenn sie anderswo lagern, noch fröhlicher, wenn sie mich selbst umstrahlen. Mit dem Glück habe ich nichts zu schaffen, mag es nun kommen oder weichen. Alle Länder will ich als eigenen Besitz betrachten, den meinigen als den aller. Mein Leben soll geleitet sein von dem Bewußtsein, daß ich für andere geboren bin, und ich werde der Mutter Natur dafür dankbar sein; denn wie konnte sie besser für mich sorgen? Mich, den einen, hat sie allen geschenkt, mir, dem *einen* alle. Was ich auch habe, ich werde es weder knauserig behüten noch verschwenderisch ausstreuen. Alles soll mir nur als gütiges Geschenk, nicht als eigentlicher Besitz gelten. Meine Wohltaten werde ich nicht nach Zahl oder Gewicht schätzen, nein, nur nach dem Wert des Empfängers. Was ein Würdiger empfängt, ist in meinen Augen immer noch zu wenig. Nicht beliebige Meinung, sondern nur feste Überzeugung soll all mein Handeln leiten. Was ich auf Grund meiner vollen Überzeugung tue, das gilt mir so viel, als geschähe es unter den Augen des ganzen Volkes. Der Zweck des Essens soll mir kein anderer sein als Befriedigung des natürlichen Bedürfnisses, nicht Füllung und Entleerung des Bauches. Gegen Freunde will ich gefällig und entgegenkommend, gegen Feinde mild und verträglich sein. Zum Gewähren will ich bereit sein, noch ehe man mich bittet, und anständigen Bitten werde ich halbwegs entgegenkommen. Mein Vaterland, des bin ich gewiß, ist die Welt, und seine Vorsteher sind die Götter; sie stehen über mir und umgeben mich als Richter über meine Taten und Worte. Und wenn entweder die Natur mein Leben zurückfordert oder die eigene wohlüberlegte Entscheidung ihm entsagt, dann werde ich scheiden mit dem Zeugnis, daß ich ein gutes Gewissen geliebt und Edles erstrebt habe, daß durch mich keines Menschen Freiheit gemindert, am wenigsten meine eigene gemindert worden sei.« – Wer sich solche Ziele setzt, solches will und in Angriff nimmt, der wandelt den Weg, der zu den Göttern führt; ja, wenn er auch nicht ans Ziel gelangt,

so war's doch ein großes Beginnen.

Ihr aber, ihr Lästerer, die ihr die Tugend haßt und den, der sie hochhält, euer Treiben ist nicht ohne Beispiel.

Scheuen ja doch auch kranke Augen das Sonnenlicht, und wenden sich doch auch Nachttiere von dem hellen Tageslicht ab: schon bei der ersten Dämmerung werden sie stutzig und suchen allerseits ihre Schlupfwinkel auf und verbergen sich lichtscheu in den engsten Öffnungen. Nur zu! Macht eurem Ärger Luft und übt eure unselige Zunge im Schmähen der Guten, schnappt nach ihnen und beißt sie: weit eher werdet ihr euch die Zähne ausbeißen, als euer Absehen damit erreichen.

21. »Warum«, sagt man, »bleibt jener dort bei all seiner Philosophie im Leben doch ein reicher Mann? Warum nennt er den Reichtum verächtlich und bleibt doch in seinem Besitz? Warum erklärt er das Leben für verachtenswert und lebt doch? Warum die Gesundheit für verachtenswert und hütet sie doch auf das sorgsamste und wünscht sich die beste? Auch Verbannung erklärt er für ein leeres Wort und sagt: was ist es denn für ein Unglück, eine Gegend mit der anderen zu vertauschen? Gleichwohl zieht er es, wenn möglich, vor, im Vaterlande seine alten Tage hinzubringen. Zwischen längerer und kürzerer Frist, sagt er, sei kein Unterschied; gleichwohl dehnt er, wenn nichts hindert, seine Lebenszeit aus und freut sich noch in hohem Greisenalter friedlich seines Lebens?« Allerdings, erwidere ich, erklärt er diese Dinge für verachtenswert, aber nicht, man solle auf ihren Besitz überhaupt verzichten, sondern man solle nur nicht ängstlich an ihrem Besitze festhalten; er weist sie nicht von sich ab, aber muß er sich von ihnen trennen, so läßt er sie ohne Kümmernis ziehen. Was vor allem den Reichtum anlangt, wo wird ihn das Schicksal siche-

rer verwahrt wissen als da, von wo es ihn wieder zurückerhalten wird, ohne jede Klage dessen, der ihn zurückgibt? Als Marcus Cato den Curius und Coruncarius pries und jenes Zeitalter, in dem eine Handvoll Silberblechgeräte ein Verbrechen war, gegen das der Censor einschreiten müßte, war er selbst im Besitze von vierzig Millionen Sestertien. Das war ohne Zweifel weniger, als Crassus, aber mehr als Cato Censorius besaß. Vergleicht man, so war er seinem Urgroßvater weiter voraus als Crassus ihm, und hätten sich ihm noch größere Schätze geboten, er hätte sie nicht zurückgewiesen. Denn der Weise hält sich nicht irgendwelcher Glücksgaben für unwert; er liebt den Reichtum nicht, aber gegebenen Falles gibt er ihm den Vorzug; er schließt ihn nicht in sein Herz, wohl aber in sein Haus ein; er weist den Besitz nicht zurück, sondern hält ihn zusammen und sieht es nicht ungern, daß seiner Tugend reichere Mittel zu Gebote stehen.

22. Wie kann aber ein Zweifel darüber bestehen, daß dem Weisen der Reichtum mehr Gelegenheit bietet, seinen Geist vielseitig zu entfalten, als die Armut? Besteht doch im Falle der Armut die Tugendbetätigung wesentlich nur darin, sich nicht beugen und drücken zu lassen, während der Reichtum einen weiten Spielraum bietet für Bewährung von Mäßigkeit, Freigebigkeit, Achtsamkeit, ordnendem Überblick und Großzügigkeit. Der Weise wird sich nicht verächtlich vorkommen, auch wenn er noch so klein von Natur ist; gleichwohl würde er es gern sehen, wenn er hohen Wuchses wäre. Auch körperlich schwach und eines Auges verlustig wird er sich gesund fühlen;

gleichwohl würde es ihm lieber sein, wenn er körperlich kräftiger wäre, dabei immer sich dessen bewußt, daß er in sich noch etwas Stärkeres hat. Mangelhafte Gesundheit wird er zu tragen wissen, sich aber feste Gesundheit wünschen. Es gibt so manches, was zwar für den Kern der Sache wenig in Betracht kommt und uns ohne Vernichtung des Hauptgutes entzogen werden kann, was aber gleichwohl seinen Beitrag liefert zur andauernden Fröhlichkeit, die aus der Tugend entspringt. Der Reichtum regt den Weisen an und heitert ihn auf, ähnlich wie den Seereisenden ein günstiger, die Segel schwellender Wind, oder wie ein heiterer Tag und sonniger Platz im Winter und bei Frost.

Welcher Weise ferner – ich rede von den unsrigen (den Stoikern), denen die Tugend als einziges Gut gilt – stellt in Abrede, daß die Dinge, die wir als gleichgültig bezeichnen, gleichwohl einen gewissen Wert haben und eine Abstufung dieser Werte zeigen? Manche von ihnen schätzt man bis zu einem gewissen Grade, auf einige legt man hohen Wert. Laß dich also nicht irre machen: der Reichtum gehört zu den geschätzten Dingen. Du entgegnest: »Nun, was spöttelst du denn dann über mich, wenn er in deinen Augen ebensoviel gilt wie in den meinen?« Willst du wissen, inwiefern dies nicht der Fall ist? Wenn der Reichtum mir entschwindet, so nimmt er mir nichts weg außer sich selbst; du aber wirst in solchem Falle außer dir sein und dir selbst wie verloren vorkommen, wenn er dich verlassen hat; bei mir gilt der Reichtum bis zu einem gewissen Grade, bei dir gilt er alles; kurz, ich bin Herr des Reichtums, du sein Sklave.

23. Laß also ab davon, den Philosophen das Geld zu verbieten. Niemand hat die Weisheit zur Armut verdammt. Der Philosoph mag reiche Schätze besitzen, aber Schätze, die niemandem abgepreßt und nicht mit fremdem Blut befleckt sind, Schätze, die ohne Unrecht gegen irgend jemand, ohne schmutzige Zugriffe erworben, Schätze, deren Abgang sich ebenso vollzieht wie ihr Zugang und über die niemand Ach und Weh ruft außer dem boshaften Neider. Häufe sie auf, so viel du willst, sie machen dir keine Schande; sie haben vieles an sich, was jeder gern sein nennen möchte, aber nichts, was irgend einem ein Recht geben könnte, es sein zu nennen. Er, der Weise, wird die Gunst des Glückes nicht von sich weisen und wird sich des ehrbar erworbenen Erbgutes weder rühmen noch schämen. Indes kann er doch auch Grund finden, sich zu rühmen, wenn er sein Haus öffnet und der gesamten Bürgerschaft Zutritt gewährt und sagen kann: »Was ein jeder als das Seine erkennt, das kann er mitnehmen.« Welch hochstehender Mann, welches Muster eines Reichen, wenn er nach dieser Aufforderung um keinen Groschen ärmer ist! Das soll soviel heißen wie: wenn er allem Volk die Durchsuchung gestattet, wenn niemand bei ihm etwas fand, was er mit Beschlag belagen könnte, so kann er kühn und vor aller Augen seines Reichtums sich freuen. Der Weise läßt keinen Denar über seine Schwelle kommen, an dem ein Makel haftet, wird aber anderseits auch reiche Schätze als Gabe des Glückes und Frucht seiner Tugend nicht zurückweisen und ihnen die Tür verschließen. Denn warum sollte er ihnen denn nicht eine gute Unterkunft gönnen? Laßt sie nur kommen, sie sollen gute Aufnahme finden. Er wird mit ihnen weder

prahlen noch sie verstecken – das eine würde von Albernheit, das andere von Furcht und Engherzigkeit zeugen, als hielte er eine große Kostbarkeit ängstlich unter seinem Gewand an die Brust gedrückt –; auch wird er sie, wie gesagt, nicht aus dem Hause hinauswerfen. Denn was sollte er denn zu seiner Rechtfertigung sagen? Etwa »Ihr seid mir nichts nütze« oder »Ich verstehe mich nicht auf Verwendung des Reichtums«? Wie er wohl imstande sein wird, einen Weg zu Fuß zurückzulegen, aber doch es vorziehen würde einen Wagen zu benutzen, so wird er zwar imstande sein sich der Vernunft zu fügen, aber doch den Wunsch haben, reich zu sein. Er wird also den Besitz reicher Mittel nicht abweisen, sie aber als unzuverlässige und flüchtige Gaben ansehen und es nicht dazu kommen lassen, daß sie irgend einem anderen oder ihm selbst beschwerlich werden. Er wird seine Hand auftun – was spitzt ihr die Ohren? was schielt ihr nach dem Goldregen? – er wird seine Hand auftun für rechtschaffene Leute oder für solche, die er dazu machen kann; er wird seine Habe austeilen mit gewissenhafter Auswahl der Würdigsten, immer in dem vollen Bewußtsein, daß er Rechenschaft ablegen muß über Ausgaben so gut wie über Einnahmen, wird sie nie austeilen ohne berechtigte und billigenswerte Gründe – denn wenn ein Geschenk an den Unrechten kommt, so ist das eine Art schimpflicher Bankerott –, er wird offene, aber nicht durchlöcherte Taschen haben, aus denen viel herausgeht, aber nichts herausfällt.

24. Es ist ein Irrtum, zu glauben, das Schenken sei eine leichte Sache: die Sache hat vielmehr ihre großen Schwierigkeiten, wenn anders die Grabe auf Grund reiflicher

Überlegung erfolgen und nicht nach Zufall oder plötzlicher Laune verschleudert werden soll. Die einen verpflichte ich mir im voraus zu Dank, den anderen vergelte ich, was ich empfangen; dem einen helfe ich aus, weil er es nicht verdient von der Armut erniedrigt und, wenn einmal von ihr befallen, in ihr festgehalten zu werden; manchen wiederum werde ich nichts geben trotz bestehenden Mangels, weil, wenn ich gebe, der Mangel doch gleich wieder da sein wird; manchen werde ich's anbieten, einigen sogar aufdrängen. Nachlässigkeit in dieser Beziehung ist mir unmöglich: niemals führe ich sorgfältiger Buch, als wenn es sich um Geschenke handelt. »Wie?«, bemerkst du, »schenkst du denn in Erwartung von Entgelt?« Nein, aber ich will auch nicht völlig darauf verzichten. Mein Geschenk soll von der Art sein, daß es zwar nicht zurückgefordert werden darf, aber eine Vergeltung möglich macht. Mit einer Wohltat soll es so bestellt sein, wie mit einem tiefvergrabenen Schatz: man darf ihn nicht eher ausgraben, als bis die Not dazu zwingt. Ferner, das Haus des Reichen selbst, wieviel Anlaß zum Wohltun bietet es! Denn wer sollte die Freigebigkeit nur auf die Vollbürger beschränken? Den Menschen als solchen mich nützlich zu erweisen befiehlt mir die Natur: ob sie Sklaven sind oder Freie, freigeboren oder freigelassen, ob sie ihre Freiheit auf dem Rechtsweg erworben haben oder durch das Wohlwollen von Freunden – was kommt darauf an? Überall, wo es Menschen gibt, hat auch die Wohltätigkeit ihre Stätte. Es kann das Geld auch innerhalb des Hauses verwendet werden und zu einer Schule der Freigebigkeit werden, die ihren Namen nicht daher hat, daß die Freien auf sie Anspruch haben, sondern daher, daß sie ihren Ursprung in einer freien Seele hat. Sie wird in der Hand des Weisen niemals an Schurken und Unwürdige verschwendet, noch ist sie jemals auf ihren verschlungenen Wegen so ermattet, daß sie nicht, so oft sie auf einen Würdigen trifft, wieder wie ein frischer Quell sprudelte.

Fasset also nicht falsch auf, was die der Weisheit Beflissenen so ehrenwert, tapfer und mutig kundtun, und vor allem vergesset nicht: etwas anderes ist, wer sich der Weisheit befleißigt, etwas anderes, wer bereits im Besitz der Weisheit ist. Jener wird dir sagen: »Meine Worte klingen sehr schön, aber noch stecke ich tief im Schlamm; du darfst mich nicht allzustreng beim Worte nehmen: nach Kräften fördere ich mich, bilde ich mich und strebe hinauf zu einem hohen Ideal; erst wenn ich so weit fortgeschritten bin, als ich mir vorgenommen, erst dann verlange, daß mein Tun meinen Worten entspricht!« Wer aber bereits auf der Höhe menschlicher Tugendhaftigkeit steht, der wird sich anders zu dir stellen und sagen: »Erstens bist du nicht der Mann danach, dir zu erlauben, über Bessere ein Urteil zu fällen; ich habe bereits – und das ist ein Beweis, daß ich nicht fehlgehe – die Erfahrung gemacht, daß ich den bösen Menschen mißfalle. Um dir jedoch Rede zu stehen, der ich mich keinem Menschen gegenüber entziehe, so vernimm, was ich verspreche und welchen Wert ich jedem Dinge beilege. Der Reichtum, behaupte ich, ist kein Gut; denn wäre er das, so würde er die Menschen gut machen. Tatsächlich aber findet er sich auch bei Schurken, und darum darf man ihn nicht ein Gut nennen. Und so spreche ich ihm denn diesen Namen ab. Gleichwohl gebe ich zu, daß man ihn haben darf, daß er nützlich ist und großen Vorteil für das Leben mit sich führt.

25. Wir sind also beiderseits darüber einverstanden, daß man sich des Reichtums nicht zu schämen brauche. So vernehmt denn nun, warum ich ihn gleichwohl nicht zu den Gütern rechne, und wie verschieden von den euern die Vorteile sind, die ich ihm abgewinne. Stelle dir vor, ich wäre Herr des glänzendsten Hauses, umgeben von lauter Gold- und Silbergeschirr: ich werde mir nichts einbilden auf diese Herrlichkeiten, die zwar rings um mich sind, aber nicht in mir. Bringe mich dagegen auf die Pfahlbrücke und reihe mich in die Schar der Bettler ein: ich werde deshalb nicht verächtlicher von mir denken, wenn ich meinen Platz unter denen habe, die ihre Hand nach einem Pfennig ausstrecken. Was macht es denn aus, ob ich keinen Bissen Brot mehr habe, wenn ich die Möglichkeit habe zu sterben? Wie steht es nun also? Ich ziehe jenes glänzende Haus der Brücke vor. Denke dir mich umgeben von glänzendem Gerät und in prachtstrotzender Zimmereinrichtung: ich werde mir nicht glücklicher vorkommen, wenn ich einen schmiegsamen Mantel trage, wenn meine Gäste auf Purpurdecken ruhen. Weise mir eine andere Matratze an: ich werde nicht unglücklicher sein, wenn mein müder Hals auf einem Bündel Heu ruht, oder wenn ich auf einem Cirkuskissen sitze, dessen Füllung durch die zersprungenen Nähte der alten Leinwand hervorquillt. Wie steht es nun? Lieber will ich in feiner Kleidung und geschmückt Zeugnis ablegen von meiner inneren Welt als mit nackten oder halb bedeckten Schulterblättern. Gesetzt, alle Tage verliefen mir

nach Wunsch, ein Freudentag reihe sich an den anderen: das soll mir kein Grund zur Selbstzufriedenheit sein. Laß dagegen diese Gunst der Zeit ins Gegenteil umschlagen, laß mein Gemüt von Verlust, Trauer, Bitternissen aller Art erschüttert werden, laß keine Stunde vergehen ohne irgendwelche Klage: ich werde doch allem Übel zum Trotz mich nicht unglücklich nennen, werde deshalb nicht einen einzigen Tag verwünschen; denn ich habe mich vorgesehen, daß mir kein Tag zum Unglückstag werde. Wie steht es also? Lieber ist es mir, wenn ich in der Lage bin, meine Freude zu mäßigen, als wenn ich in die Lage komme, den Schmerz dämpfen zu müssen.«

So wird dir auch der große Sokrates sagen: »Mache mich zum Sieger über alle Nationen, laß mich auf dem prachtstrotzenden Bacchuswagen im Triumph vom Sonnenaufgang bis nach Theben fahren, laß die Könige der Erde mich als ihren obersten Richter anerkennen: ich werde mich gerade dann am meisten als Mensch fühlen, wenn man mich allerseits als Gottheit begrüßt. Neben dieser erhabenen Höhe denke dir alsbald eine jähe Umwandlung: Man setzt mich auf einen nicht mir gehörigen Tragsessel, um den Triumphzug eines stolzen und rohen Siegers zu verherrlichen: ich werde mich nicht erniedrigt fühlen, wenn ich hinter dem fremden Siegerwagen hergetragen werde, verglichen mit meinem früheren Standort. Wie steht es nun? Ich werde gleichwohl lieber Sieger als Gefangener sein. Das ganze Reich des Schicksals ist in meinen Augen nichtig; aber, habe ich die Wahl, so entscheide ich mich für das Günstigere. Was mich auch trifft, es soll mir recht sein; aber lieber wünsche ich mir doch das Leichtere und Angenehme und für den Betreffenden weniger Beschwerliche. Denn glaube ja nicht, es gebe irgendeine Tugend, die keine Anstrengung erfordere; aber die eine bedarf des Sporns, die andere des Zügels. Wie der Körper bei abschüssigen Stellen zurückgehalten, bei Erklimmung steiler Höhen angetrieben werden muß, so haben gewisse Tugenden eine abschüssige, andere eine ansteigende Bahn. Kein Zweifel: alle Tugenden, die im Kampfe liegen mit den Härten des Schicksals und die Macht desselben zu brechen wissen, als da sind Geduld, Tapferkeit, Beharrungskraft, müssen aufwärts klimmen, müssen sich stemmen und im Widerstand abmühen; und ist es nicht anderseits ebenso ersichtlich, daß Freigebigkeit, Mäßigung und Mildherzigkeit ihre Richtung nach abwärts haben? Bei diesen letzteren zügeln wir unseren Seelendrang, um Überstürzung zu verhüten; bei den ersteren muntern wir ihn auf und spornen ihn auf das schärfste an. Bei Armut also kommen jene kampfeslustigen, mehr der Tapferkeit huldigenden Tugenden in Betracht, bei Reichtum jene bedachtsameren, die den Schritt verlangsamen und den eigenen Drang hemmen. Was nun mein Verhältnis zu diesen beiden betrifft, so wünsche ich mir lieber diejenigen, die einer ruhigen Ausübung bedürfen, als diejenigen, deren Bewährung Blut und Schweiß fordert. Also – spricht der Weise – steht die Sache nicht so, daß ich anders lebe als rede, sondern ihr versteht es nur anders; nur der Schall der Worte trifft euer Ohr: nach ihrer Bedeutung fragt ihr nicht.«

26. »Welcher Unterschied also besteht zwischen mir, dem Toren, und dir, dem Weisen, wenn wir beide doch Wert auf Besitz legen?« Ein sehr erheblicher: bei dem Weisen

ist der Reichtum nichts weiter als Sklave, bei dem Toren macht er sich zum Herrn. Der Weise gestattet dem Reichtum nichts, euch gestattet der Reichtum alles. Ihr gebärdet euch, als hätte euch irgend jemand den ewigen Besitz desselben zugesagt: ihr gewöhnt euch an ihn und verwachst mit ihm. Der Weise dagegen denkt gerade dann am angelegentlichsten an die Armut, wenn er sozusagen im Reichtum schwimmt. Niemals traut der Feldherr dem Frieden in dem Maße, daß er sich nicht bereit hielte für den Krieg, der, wenn er auch nicht zum Ausbruch kommt, doch angekündigt ist. Euch macht ein schöner Palast übermütig, als könnte er nicht durch Brand oder Einsturz vernichtet werden; euch raubt die Fülle des Besitzes jede Besinnung, als wäre er jeder Gefahr überhoben und viel zu groß, um dem Schicksal die Macht zu geben, damit aufzuräumen. Dem Müßiggang hingegeben, spielt ihr mit euerm Reichtum, ohne an die Gefahr zu denken, in der eben dieser Reichtum schwebt, ähnlich den Barbaren, die, von Feinden belagert und meist unkundig der Kraft der Maschinen, müßig der Arbeit der Belagerer zuschauen ohne jede Ahnung von dem Zweck dessen, was in der Ferne vorbereitet wird. Ebenso steht es mit euch: ihr duselt dahin in eurer Umgebung, ohne an die Unfälle zu denken, die euch bedrohen und bald kostbare Beute davontragen werden. Wie anders beim Weisen: wer ihm seinen Reichtum raubt, der muß ihm doch all das Seinige lassen; lebt er doch der Gegenwart froh und um die Zukunft unbekümmert. »Nichts«, sagt der große Sokrates oder wer sonst gegen menschliche Zufälle so gewappnet und selbstherrlich ist, »nichts habe ich mir fester zum Grundsatz gemacht, als meine Lebensführung nicht nach euren Vorurteilen zu gestalten. Laßt eure gewohnten Reden von allen Seiten mich umtönen: ich sehe darin keine Schmähungen, sondern nur das Geschrei von Kindern, die sich in elender Lage befinden.« So spricht der Mann, der der Weisheit teilhaftig geworden, den reines und schuldloses Gemüt zum Tadel gegen andere treibt, nicht, weil er sie haßt, sondern weil er sie bessern will. Er wird dem noch folgendes zufügen: »Was eure Meinung über mich anlangt, so bekümmert sie mich nicht um meinetwillen, sondern um euretwillen; denn seinen Haß und seine Feindschaft gegen die Tugend durch Schreien kundzugeben, heißt jeder vernünftigen Hoffnung den Abschied geben. Ihr tut mir kein Leid an, sowenig wie den Göttern die, die ihre Altäre umstürzen. Aber der böse Vorsatz und die schlimme Absicht leuchtet doch durch auch da, wo sie nicht schaden kann. So lasse ich mir eure Irreden gefallen, wie Jupiter, der große, allmächtige, die Albernheiten der Dichter über sich ergehen läßt, von denen der eine ihm Flügel andichtet, der andere Hörner, der eine ihn als Ehebrecher und Nachtschwärmer einführt, der andere als grimmigen Gegner der Götter oder auch als Feind der Menschen, der eine als Räuber von freigeborenen und noch dazu ihm verwandten Jünglingen, der andere als Vatermörder und als Eroberer des nicht ihm, sondern seinem Vater gehörigen Reiches: Frechheiten, die nichts anderes zur Folge hatten, als daß den Menschen die Scham vor der Sünde abhanden kam, wenn sie den Göttern derartiges zutrauten. Allein obschon mir diese Lästerungen nichts anhaben, so richte ich doch um euretwillen an euch die Mahnung: habet Achtung vor der Tugend, glaubet denen, die als bewährte

Jünger derselben laut bekennen, es sei etwas Großes und von Tag zu Tag als solches sich in immer größerem Maße Offenbarendes, dem sie nachstrebten. Ehret sie selbst gleich den Göttern und ihre Lehrer gleich den Priestern, und so oft dieser heilige Name erklingt, verfallet in ehrfurchtsvolles Schweigen. Dieser Spruch (favete linguis) hat nichts zu tun mit ›Gunst‹ (favor), sondern gebietet Schweigen, damit die Opferhandlung dem heiligen Brauche gemäß vollzogen werden könne ohne Unterbrechung durch irgend welches ungehörige Wort. Und viel mehr noch ist *euch* das Gebot von nutzen, in voller Sammlung und mit Unterdrückung jedes Lautes zuzuhören, sobald von diesem Orakel der Tugend ein Spruch verkündet wird. Wenn einer, die Klapper schwingend, dem gebieterischen Brauche gemäß Lügen verkündet, wenn irgend einer, der sich auf Tätowieren der Arme versteht, seine Arme und Schultern mit hoch erhobener Hand blutig ritzt, wenn irgend ein altes Weib auf den Knien über den Weg kriechend ein Geheul anschlägt, oder ein Greis, mit Leinwand angetan, ein Lorbeerbüschel und am hellen Tage eine Leuchte vor sich hertragend den Ruf erschallen läßt, irgend ein Gott sei voll Zornes, da lauft ihr zusammen und horchet auf, und einer des anderen Betroffenheit verstärkend versichert ihr, das sei ein Gottbegeisterter.«

27. Horchet auf! Sokrates ist es, der euch von jenem Kerker aus, den er durch seinen Eintritt reinigte und dem er einen Rang verlieh, der den einer jeden Kurie überbietet – er ist es, der euch zuruft: »Was ist das für ein Wahnsinn, was ist das für ein Göttern wie Menschen feindseliges Gebaren, die Tugenden in Verruf zu bringen und

das Heilige mit Lästerreden in den Staub zu ziehen? Bringt ihr es über euch, so preiset die Guten; wo nicht, so laßt sie zur Seite! Findet ihr Gefallen daran, euere widerwärtige Frechheit zu üben, so macht euch unter euch einer über den anderen her; denn wenn ihr euren Wahnwitz gegen den Himmel richtet, so begeht ihr zwar keinen Gottesfrevel, aber es ist verlorene Mühe. Ich habe vor Zeiten dem Aristophanes Stoff geboten zu allerlei Witzen; die ganze Schar der Komiker hat ihre giftige Lauge über mich ausgegossen: zu strahlendem Glanze wird meine Tugend gebracht durch eben die Angriffe, die auf ihre Verunglimpfung berechnet waren; denn es ist vorteilhaft für die Tugend, der Welt vorgeführt und geprüft zu werden, und niemand erkennt besser ihren Wert als diejenigen, die durch Angriffe auf sie ihre Kraft zu fühlen bekommen haben: die Härte des Kiesels ist niemandem besser bekannt als denen, die auf ihn schlagen. Ich darf mich vergleichen einem einsamen Fels in seichtem Meeresgrund, den die Wogen, von allen Seiten andringend, unaufhörlich peitschen, ohne ihn doch von der Stelle zu rücken oder durch den im Laufe so vieler Menschenalter oft wiederholten Anprall zum Abbröckeln zu bringen. Springet nur heran, umstürmt mich mit euren Angriffen: meine Beharrungskraft soll Siegerin über euch bleiben. Was fest und unüberwindlich ist, an dem probiert alles, was dagegen anstürmt, seine Kraft nur zum eigenen Unheil: suchet euch also einen weichen und fügsamen Stoff, in dem euere Pfeile haften können. Ihr aber habt Zeit genug, anderer Fehler aufzuspüren und über irgend einen abzusprechen mit den Worten: ›Was fängt dieser Philosoph mit seiner viel zu geräumigen Wohnung an? Warum schwelgt er in viel zu üppigen Mahlzeiten?‹ Die Hitzbläschen an anderen spürt ihr aus, ihr, die ihr selbst mit Geschwüren geradezu übersät seid. Das ist gerade, als wollte einer, den gräßliche Krätze zum Gerippe macht, sich lustig machen über die kleinen Tüppelchen und Warzen, von denen auch die schönsten Körper nicht frei sind. Werft dem Platon vor, daß er um Geld gebeten, dem Aristoteles, daß er Geld angenommen, dem Demokrit, daß er sich nichts daraus gemacht hat, dem Epikur, daß er es verbrauchte, macht mir selbst den Umgang mit Alcibiades und Phädrus zum Vorwurf, ihr, für die es kein größeres Glück geben könnte, als zunächst einmal unsere Fehler nachzuahmen! Warum achtet ihr nicht lieber auf eure eigenen Fehler, deren Stiche ihr allerseits fühlt als teils mehr äußerlich störend, teils tief in den Eingeweiden brennend? Mag eure Selbsterkenntnis noch so unzureichend sein, es steht mit den menschlichen Dingen doch nicht so, daß euch Muße genug bliebe, um eure Zunge sich in Schmähungen ergehen zu lassen gegen Männer, die euch weit überlegen sind.

28. Das seht ihr nicht ein und nehmt eine Miene an, die wenig zu eurer Lage paßt, ähnlich der jener zahlreichen Zuschauer im Zirkus oder im Theater, in deren Haus sich ein Todesfall ereignet hat, ohne daß sie noch eine Ahnung davon haben. Ich aber, von der Höhe herabschauend, sehe die Stürme, die entweder gegen euch im Anzug sind, um bald genug das Gewölk zudurchbrechen, oder schon unmittelbar über euch stehen, bereit, euch das Eurige zu rauben. Und wie denn? Treibt nicht auch jetzt schon, wenn ihr es auch noch nicht recht spürt, ein Wirbelwind

eure Seelen im Kreise herum und reißt sie mit sich, sie, die das Nämliche bald fliehen, bald zu erhaschen suchen, bald himmelhoch gehoben, bald in die unterste Tiefe hinabgestoßen?«

VON DER MUSSE

An Serenus

1. Massengeselligkeit ist durch die Wucht der Einstimmigkeit für uns eine Schule der Fehler. Mögen wir auch sonst nichts für unser Seelenheil tun, die Abgeschiedenheit ist doch an und für sich schon von Nutzen: wir werden uns bessern, wenn wir vereinzelt sind. Können wir uns doch beschränken auf den Umgang mit den trefflichsten Männern und uns ein Muster auserwählen, nach dem wir uns in unserer Lebensführung richten, eine Möglichkeit, die uns nur durch die Abgeschiedenheit vom Geschäftsleben gewährt wird. Nur dann kann man sich das zu eigen machen, was einmal unseren Beifall gefunden hat, wenn sich niemand dazwischen schiebt, der unser noch nicht zum festen Grundsatz gewordenes Urteil unter Beihilfe des großen Haufens in andere Bahnen lenkt; dann kann das Leben in gleichmäßigem und einheitlichem Zuge fortschreiten, das wir gemeinhin durch die sich widersprechendsten Vorsätze in Zwiespalt mit sich bringen; denn unter den sonstigen Übeln ist dies das schlimmste, daß wir mit den Fehlern selbst wechseln. So entgeht uns selbst der immerhin verhältnismäßige Vorteil, bei einem uns schon vertraut gewordenen Übel zu bleiben. Bald gefällt uns dies, bald wieder jenes, weil unser Urteil nicht nur verkehrt, sondern auch

jedem Windzug preisgegeben ist: den Wogen gleich schwanken wir hin und her und greifen bald nach diesem, bald wieder nach jenem; was wir gesucht, geben wir auf, und das Aufgegebene suchen wir wieder; es ist ein beständiger Wechsel von Begierde und Reue. Denn wir hängen ganz ab von dem Urteil anderer, und das Beste in unseren Augen ist das, was recht zahlreiche Bewerber und Lobredner hat, nicht das, was lobwürdig und erstrebenswert ist, wie denn unser Urteil über Tauglichkeit und Untauglichkeit des Weges sich nicht bestimmt nach dessen tatsächlicher Beschaffenheit, sondern nach der Menge der Fußspuren, von denen keine nach rückwärts weisen.

Du wirst mir erwidern: »Was fällt dir ein, Seneca? Du trennst dich von deiner Partei? Behauptet ihr Stoiker doch sonst aufs bestimmteste: ›Bis zum letzten Lebenshauch werden wir tätig sein, werden nicht ablassen, für das Gemeinwohl zu arbeiten, den Einzelnen beizustehen, selbst den Feinden hilfreich zu sein mit lindernder Hand. Wir sind's, die keinem Alter die Arbeit ersparen und die, nach dem Worte des redegewaltigen Dichters,

»drücken des Greisen Haupt mit dem Helm«.

Wir sind's, bei denen es vor dem Tode nichts gibt, was nach Müßiggang aussieht, ja bei denen, wenn irgend möglich, sogar der Tod selbst jeden Gedanken an Müßiggang abweist‹. Was kommst du uns mit den Lehren Epikurs mitten unter den Grundsätzen Zenons? Warum gehst du nicht frisch und frank, wenn dir deine Partei nicht mehr behagt, zu den Gegnern über, statt an ihr zum Verräter zu werden?«

Darauf erwidere ich dir zunächst: »Forderst du etwa mehr von mir, als daß ich mich meinen Führern und Vorgängern ähnlich erweise? Wie steht's denn damit? Ich halte den Weg ein, auf den sie mich nicht etwa nur hingewiesen haben, sondern auf dem sie selbst meine Führer gewesen sind.«

2. Jetzt will ich dir beweisen, daß ich den Lehren der Stoiker nicht untreu werde; sind sie doch auch selbst nicht ihnen untreu geworden; und doch wäre ich durchaus entschuldigt, wenn ich auch nicht ihren Lehren folgte, sondern ihrem Beispiel. Ich will meine Behauptung nach zwei Seiten hin durchführen: erstens werde ich zeigen, daß man schon von früher Jugend an sich ganz der Betrachtung der Wahrheit widmen, die leitenden Grundsätze für das Leben erforschen und sie für seine Person ausüben kann; sodann daß man gleichsam als ausgedienter Soldat, in vorgerücktesten Jahren, mit bestem Rechte dies tun und es auf andere, fähige Geister übertragen könne nach Art der Vestalischen Jungfrauen, die nach Maßgabe ihres Alters in ihren Dienstleistungen wechseln, indem sie zuerst die heiligen Bräuche vollziehen lernen, um dann, wenn sie dies erlernt haben, selbst als Lehrerinnen dafür zu wirken.

3. Ich will beweisen, daß die Stoiker gerade so denken; nicht, als hätte ich es mir zum Gesetz gemacht, mir nichts zu erlauben, was gegen ein Wort des Zenon oder Chrysippus verstößt, sondern weil die Sache selbst mir erlaubt, ihrer Meinung beizutreten; wäre doch, wer stets nur der Ansicht eines Einzigen folgt, kein Senator, sondern ein

bloßer Parteimann. Wäre doch alle Weisheit schon in unserer Gewalt, läge die Wahrheit doch offen zu Tage, und hätten wir doch nicht nötig, irgendeinen unserer Lehrsätze zu ändern! Tatsächlich aber steht es so, daß wir die Wahrheit suchen nicht anders als unsere Lehrmeister.

Es sind vor allem zwei Schulen, die miteinander in Streit liegen, die der Epikureer und Stoiker; aber beide empfehlen die Muße, wenn auch in verschiedenem Sinn. Epikur sagt: »Der Weise wird sich von der staatsmännischen Tätigkeit fernhalten, es müßte denn irgendwelche Zwangslage eintreten.« Zenon sagt: »Der Weise wird in den Staatsdienst eintreten, es müßte denn irgendein Hindernis vorliegen.« Der eine fordert grundsätzlich die Muße, der andere nach Lage der Sache. Sachlage aber ist hier ein sehr weiter Begriff. Ist der Staat zu verdorben, um ihm noch aufzuhelfen, ist er eine Beute der Schurken, dann wird sich der Weise nicht vergeblich ins Zeug werfen und sich nutzlos opfern; besitzt er nicht Ansehen oder Kraft genug und wird er auf die öffentliche Tätigkeit verzichten müssen, wenn seine Gesundheit ihn hindert, so wird er den für ihn nach seiner sicheren Überzeugung ungangbaren Weg nicht einschlagen, sowenig wie er ein leckes Schiff den Wogen anvertrauen würde, oder sowenig wie ein Leibesschwächling sich in die Liste für den Kriegsdienst eintragen lassen würde. Und so kann denn auch der, welcher noch völlig freie Hand über sein künftiges Leben hat, vor Bestehen irgendwelchen Sturmes sich einen sicheren Standpunkt wählen, kann sich von vornherein den edlen Geistesbestrebungen widmen und sich der unverkürzten Muße hingeben, ein begeisterter Pfleger der Tugenden, die auch im ruhigsten Dasein geübt werden können. Denn was vom Menschen verlangt wird, ist dies, daß er den Mitmenschen nütze, womöglich recht vielen, wo nicht, wenigen, wo nicht, den nächststehenden, und wo auch dies nicht möglich, sich selbst. Denn wenn er sich den anderen nützlich erweist, fördert er das allgemeine Wohl. Wie jeder, der durch eigene Schuld herabsinkt, nicht nur sich selbst schadet, sondern auch allen denen, welchen er als gebesserter Mensch hätte nützen können, so macht sich jeder, der sich selbst in Zucht hält, eben dadurch auch um andere verdient, daß er auf künftigen Nutzen für jene anderen bedacht ist.

4. Lassen wir zwei Gemeinwesen uns vor die Seele treten, das eine groß und wahrhaft allgemein, das Götter und Menschen umfaßt, wo unser Blick nicht an diesem oder jenem Eckchen haftet, sondern wo uns zum Ausmaß des Ganzen die Sonne dient, das andere, an das uns der Zufall unserer Geburt gebunden hat; das mag entweder Athen oder Karthago oder sonst welche Stadt sein, die nicht der gesamten Menschheit, sondern nur einem bestimmten Teil gehört. Einige wenden ihre Tätigkeit zur nämlichen Zeit beiden Gemeinwesen zu, dem größeren wie dem kleineren, einige nur dem kleineren, einige nur dem größeren. Diesem größeren Gemeinwesen können wir auch im Ruhestand dienen, ja vielleicht im Ruhestand noch besser, beschäftigt mit den Fragen: Was ist das Wesen der Tugend? Gibt es nur eine oder mehrere? Ist es die Natur oder Erziehungskunst, die die Menschen tugendhaft macht? Ist es nur ein einziges Ganzes, das Meere und, Länder samt allem, was in Meer und Land enthalten ist, umfaßt, oder hat die Gottheit viele Weltkörper dieser Art

umhergestreut? Ist die Materie, aus der alles Erzeugte hervorgeht, durchweg stetig und gehaltvoll, oder ist sie gespalten und wechselt Leeres mit Festem? Wie steht's mit der Gottheit? Schaut sie tatenlos ihrem Werke zu, oder legt sie selbst Hand an? Ist sie nur von außen rings um das Ganze herumgespannt, oder durchdringt sie auch das ganze Innere? Ist die Welt unvergänglich, oder gehört sie zu dem Hinfälligen und zeitlich Begrenzten? Wer derartige Betrachtungen anstellt, was leistet er der Gottheit? Dies, daß seine erhabenen Werke eines Zeugen nicht entbehren.

5. Ein uns ganz geläufiger Lehrsatz besagt, es sei das höchste Gut, naturgemäß zu leben: Die Natur hat uns zu beidem geschaffen, zum Betrachten wie zum Handeln. Jetzt soll das erstere Gegenstand unserer beweisenden Erörterung sein. Wie steht's damit? Liegt der Beweis nicht zu Tage? Frage sich nur ein jeder, welcher lebhafte Drang in ihm liegt, Unbekanntes kennenzulernen, wie ihn jede sagenhafte Kunde aufregt. Manche wagen sich hinaus aufs Meer und nehmen die Beschwerden einer wenn auch noch so weiten Reise auf sich, einzig um den Lohn, etwas Verborgenes und weit Entferntes kennenzulernen. Dieser Drang ist es auch, der die Volksmassen zu Schaustellungen versammelt, der mit zwingender Gewalt dazu treibt, das Verschlossene auszuspähen, das Geheime auszuforschen, Altertümer aus der Verborgenheit hervorzuziehen, sich Kunde zu verschaffen von den Sitten barbarischer Völker. Die Natur hat uns einen wissbegierigen Geist gegeben; und, ihrer Kunst und Schönheit sich bewußt, hat sie als Erzeugerin uns zu Zuschauern des großartigen

Weltschauspiels gemacht; denn sie hätte sich um den Lohn ihrer Schaffensmühe gebracht, wenn sie so Großes, so Herrliches, so feinsinnig Geordnetes, so Prachtvolles, so vielseitig Schönes einer leblosen Einöde dargeboten hätte. Um dich zu überzeugen von ihrer Absicht, eingehend betrachtet und nicht bloß eines flüchtigen Blickes gewürdigt zu werden, achte darauf, welchen Platz sie uns angewiesen hat: in ihre Mitte hat sie uns gestellt und uns ringsum einen freien Umblick über alles gewährt; nicht nur die aufrechte Stellung hat sie dem Menschen verliehen, sondern, um ihn tauglich zum Überschauen zu machen, auf daß er den Lauf der Gestirne von ihrem Aufgang bis zu ihrem Untergang verfolgen und seinen Blick den Umschwung des Ganzen begleiten lassen könne, hat sie ihm auch ein nach oben gerichtetes Haupt gegeben und es auf einen biegsamen Hals gesetzt. Indem sie ihn ferner des Tages durch je sechs und des Nachts wieder durch je sechs Sternbilder hindurchführt, hat sie Sorge getragen, keinen ihrer Teile seiner Betrachtung zu entziehen, um durch das, was sie seinem Auge dargeboten, auch das Verlangen rege zu machen nach der Kenntnis des Übrigen. Denn wir sehen einesteils nicht alles, anderseits sehen wir es nicht in seiner natürlichen Größe; aber unser Scharfblick erschließt uns den Weg zur Erforschung und legt den Grund zur Erkenntnis der Wahrheit, dergestalt, daß die Forschung von dem Augenscheinlichen übergeht zu dem Dunkelen und etwas findet, das älter ist als die Welt: von wannen diese Gestirne ausgegangen, wie es mit dem Weltall bestellt gewesen sei, bevor es sich in seine Teile sonderte, welcher Plan zur Scheidung des Verkehrten und Verworrenen geführt habe; wer den Dingen ihre Stellen angewiesen habe, ob das Schwere durch seine eigene Natur herabgesunken sei, das Leichte im Fluge emporgestiegen sei, oder ob außer dem Eigentrieb und dem Gewicht der Körper irgendwelche höhere Kraft allem Einzelnen das Gesetz gegeben habe; ob etwas Wahres ist an dem besonders eindrucksvollen Beweis für die göttliche Anlage des menschlichen Geistes, dem zufolge ein Teil und gleichsam gewisse Funken der Sternenwelt auf die Erde übergesprungen und an einer ihnen nicht zugehörigen Stelle hängen geblieben seien. Unser Denkvermögen durchbricht die Bollwerke des Himmels und begnügt sich nicht, das zu wissen, was sich dem Auge darbietet. »Ich forsche«, sagt er, »nach dem, was jenseits der Welt liegt, ob es eine unendliche Öde sei, oder ob es auch seinerseits seine Grenzen habe; ich forsche nach der Beschaffenheit dessen, was außerhalb dieser unserer Welt liegt: ist es ein formloses Durcheinander, nach jeder Seite hin sich gleich weit erstreckend, oder hat es eine gewisse Regelung erfahren; hängt es mit dieser unserer Welt zusammen, oder ist es weit von ihr getrennt und schwebt da in leerem Raum; sind es unteilbare Körperchen, durch die alles zustande kommt, was entstanden ist und sein wird, oder ist seine Masse in sich zusammenhängend und als Ganzes veränderlich? Sind die Elemente einander widerstreitend, oder stehen sie nicht miteinander im Kampf, sondern vereinigen sie ihre Wirkung nur aus verschiedenen Richtungen?« Ist es dem Menschen aufgegeben, seine Geisteskraft an der Lösung dieser Fragen zu erproben, so erwäge, wie kurz die ihm dazu vergönnte Zeit ist, auch wenn er diese Zeit ganz dafür in Anspruch nimmt und sich von ihr nicht das geringste Teilchen durch Nachgiebigkeit entreißen oder durch Unachtsamkeit entgehen läßt. Mag der Mensch auch noch so sehr mit seinen Stunden geizen, mag er es auch bis an die Grenzen menschlicher Lebensdauer bringen, mag auch das Schicksal ihn vor jeder Störung dessen, wozu er von Natur bestimmt ist, bewahren, er ist gleichwohl eben als Mensch für die Erkenntnis des Unsterblichen allzusehr Sterblicher. So lebe ich denn der Natur gemäß, wenn ich mich ganz dieser Erkenntnis hingegeben habe, wenn ich ihr Bewunderer und Verehrer bin. Die Natur aber hat mich für beide Aufgaben bestimmt, für das tätige Leben und für die denkende Betrachtung. Beides vollziehe ich; denn auch die denkende Betrachtung ist nicht ohne Tätigkeit.

6. »Aber«, wendest du ein, »es kommt darauf an, ob du dich dieser Tätigkeit widmest aus reiner Lust an ihr, ohne etwas anderes dabei zu fordern als eben die Betrachtung ohne Unterbrechung und ohne Aufhören; denn sie ist reizvoll und hat etwas Verführerisches.« Darauf erwidere ich dir: Ebenso kommt es beim bürgerlichen Geschäftsleben auf dein inneres Verhältnis zur Sache an, ob du nämlich in beständiger Hast und Unruhe bist und dir keinen Augenblick Zeit gönnst, um dich von den menschlichen Angelegenheiten den göttlichen Dingen zuzuwenden. Wie es durchaus nicht zu billigen ist, sich nur auf die äußeren Dinge zu stürzen ohne eine Spur von Liebe zur Tugend und ohne Interesse für Pflege des Geistes, und ganz aufzugehen in weltlichen Bemühungen – denn beides muß gemischt und miteinander verbunden werden –, so ist die tatenlos an die Muße verschwendete Tugend ein unvollkommenes und brach liegendes Gut; denn

sie läßt niemals eine Probe sehen von dem, was sie erkennend in sich aufgenommen hat. Wer möchte leugnen, daß die Tugend ihre Portschritte durch Taten bewähren muß und sich nicht darauf beschränken darf, bloß mit dem Geiste zu erfassen, was zu tun sei, sondern endlich einmal auch Hand anlegen und das Wohlüberlegte zur Tat werden lassen muß? Allerdings, wenn es nicht an dem Weisen selbst liegt, daß er mit dem Handeln zurückhält, wenn es nicht an dem zum Handeln geneigten Mann fehlt, sondern an einem befriedigenden Feld der Tätigkeit, wirst du ihm dann wohl erlauben, sich ganz auf sich selbst zu beschränken? Welche Gesinnung treibt wohl den Weisen zur Hingabe an die Muße? Er weiß, daß er auch dann eine Tätigkeit entfalten wird, die der Nachwelt von Nutzen ist. Was mich wenigstens betrifft, so behaupte ich, daß sowohl Zeno wie Chrysipp höhere Aufgaben erfüllt haben, als wenn sie Armeen angeführt, Ehrenstellen bekleidet, Gesetze gegeben hätten: haben sie doch Gesetze gegeben nicht für einen einzelnen Staat, sondern für das gesamte Menschengeschlecht. Warum sollte also für einen durch innere Tüchtigkeit hervorragenden Mann eine derartige Muße nicht angemessen sein, die ihm dazu verhilft, künftigen Jahrhunderten Ordnungsregeln zu geben und seine Stimme nicht vor wenigen ertönen zu lassen sondern vor der Völkerversammlung der ganzen Menschenwelt, der gegenwärtigen wie der zukünftigen? Schließlich frage ich, ob Kleanthes und Chrysipp und Zeno nicht nach ihren Lehren gelebt haben. Du wirst zweifellos antworten, sie hätten dem entsprechend gelebt, was sie als Lebensregel verkündet hatten; und doch hat sich keiner von ihnen mit Staatsverwaltung abgegeben. Du erwiderst: »Sie waren nicht in der Lage und in der angesehenen Stellung, die gemeinhin die Vorbedingung bildet für Zulassung zum öffentlichen Staatsdienst.« Aber nichtsdestoweniger haben diese Männer kein träges Leben geführt: ihnen ist es gelungen, den Weg zu zeigen, wie die eigene Ruhe den Menschen mehr Nutzen bringen kann als das Hin- und Herrennen und die Abhetzung der anderen. So ist es denn gekommen, daß diese Männer, wenn sie auch keine staatsmännische Tätigkeit entfalten, gleichwohl den Eindruck machten, viel zuwege gebracht zu haben.

7. Zudem unterscheidet man drei Arten der Lebensführung und streitet gemeinhin darüber, welches die beste sei: die eine hält es mit der Lust, die andere mit der denkenden Betrachtung, die dritte mit der geschäftlichen Tätigkeit. Zunächst wollen wir unter Beiseitelassung jeder Streitsucht und Entfernung jedes Haßgefühles, mit dem wir unversöhnlich den Bekennern der gegnerischen Lebensauffassungen entgegenzutreten pflegen, uns vor Augen halten, wie dies alles unter verschiedenen Beziehungen doch auf das Nämliche hinausläuft: weder verzichtet der, welcher der Lust huldigt, etwa ganz auf die denkende Betrachtung, noch der, der es mit der denkenden Betrachtung hält, auf die Lust; wie denn auch der, dessen Leben der Geschäftstätigkeit gewidmet ist, keineswegs völlig auf die denkende Betrachtung verzichtet. »Indes«, erwiderst du, »ist doch ein sehr erheblicher Unterschied, ob etwas das eigentliche Ziel oder nur eine Begleiterscheinung des anderen ist.« Allerdings mag das einen großen Unterschied ausmachen; gleichwohl kann aber das eine

nicht ohne das andere sein: weder ist der denkende Betrachter ohne Tätigkeit, noch der Geschäftsmann ohne denkende Betrachtung; ja auch jener dritte, in dessen Verurteilung wir übereinstimmen, huldigt nicht der völlig untätigen Lust, sondern derjenigen, deren er sich durch vernünftige Überlegung auf die Dauer zu versichern weiß. So hält es denn selbst jene der Lust huldigende Philosophenschule mit der Tätigkeit. Warum sollte sie dies auch nicht? Sagt doch Epikur selbst, er werde ab und zu die Lust meiden, ja sogar dem Schmerz den Vorzug geben, nämlich dann, wenn entweder der Lust die Reue zu folgen droht oder man sich durch einen geringeren Schmerz einen schwereren erspart. Worauf zielen alle diese Bemerkungen ab? Sie sollen den Beweis liefern, daß die denkende Betrachtung den Beifall aller hat; für die einen ist sie das eigentliche Ziel, für uns (Stoiker) ist sie eine Station, nicht der Hafen.

8. Dazu achte noch darauf, daß man nach dem Grundsatz des Chrysippus in Muße leben darf, nicht etwa nur in dem Sinn, daß man sie nicht abzuweisen brauche, sondern in dem, daß man sie sich selber erkiest. Wir Stoiker sind weit entfernt, zu behaupten, der Weise werde sich jedem beliebigen Staatswesen widmen. Was aber macht es für einen Unterschied, auf welche Art und Weise der Weise zur Muße gelangt, ob deshalb, weil sich für ihn kein Staatswesen findet, oder deshalb, weil er selbst sich nicht in das Staatswesen findet, es müßte denn allenthalben sich ein wirkliches Gemeinwesen finden? Ein solches aber wird uns bei scharfen Anforderungen immer fehlen. Ich frage, welchem Staatwesen sich der Weise widmen soll,

dem der Athener, wo ein Sokrates verurteilt wird, aus dem ein Aristoteles entfliehen muß, um sich der Verurteilung zu entziehen, wo die Gehässigkeit aller Tugend den Garaus macht? Du wirst nicht zugeben, daß der Weise sich einem solchen Staatswesen widmen werde. Wird sich also der Weise etwa in den Dienst des Karthagerstaates stellen wollen, wo ewiger Aufruhr herrscht und der Freiheitssinn jedem Ehrenmann gefährlich wird, wo Recht und Sittlichkeit nichts gilt, wo gegen Feinde unmenschliche Grausamkeit und gegen die eigenen Bürger Feindseligkeit herrscht? Auch diesen Staat wird er meiden. Wollte ich sie alle, einen nach dem anderen, durchgehen, ich werde keinen finden, der sich den Weisen oder den der Weise sich gefallen lassen könnte. Findet sich nun nirgends jener Staat, der unserem Geiste vorschwebt, so tritt der Fall ein, daß die Muße für alle notwendig wird, weil sich nirgends dasjenige findet, das vor der Muße den Vorzug erhalten könnte. Wenn einer behauptet, es sei das beste, zu Schiff zu gehen, dann aber die Warnung hinzufügt, man dürfe sich nicht auf ein Meer begeben, wo Schiffbrüche an der Tagesordnung und plötzliche Stürme die Regel sind, die dem Steuermann das Spiel gänzlich verderben, dann, glaube ich, verwehrt er mir die Anker zu lichten, wenngleich er die Seefahrt preist.

VON DER KÜRZE DES LEBENS

An Paulinus

1. Die meisten Menschen, mein Paulinus, klagen über die Bosheit der Natur: unsere Lebenszeit, heißt es, sei uns zu kurz bemessen, zu rasch, zu reißend verfliege die uns vergönnte Spanne der Zeit, so schnell, daß mit Ausnahme einiger weniger den anderen das Leben noch mitten unter den Zurüstungen zum Leben entweiche. Und es ist nicht etwa bloß der große Haufe und die unverständige Menge, die über dies angeblich allgemeine Übel jammert, nein, auch hoch angesehene Männer haben, von dieser Stimmung angesteckt, sich in Klagen ergangen. Daher jener Ausruf des größten der Ärzte: »Kurz ist das Leben, lang die Kunst.« Daher der einem Weisen wenig ziemende Hader des Aristoteles mit der Natur: »Die Natur habe es mit den Tieren so gut gemeint, daß sie ihnen fünf, ja zehn Jahrhunderte Lebenszeit vergönne, während dem Menschen, der für so vieles und für so Großes geboren sei, ein so viel früheres Ende beschieden sei.« Nein, nicht gering ist die Zeit, die uns zu Gebote steht; wir lassen nur viel davon verloren gehen. Das Leben, das uns gegeben ist, ist lang genug und völlig ausreichend zur Vollführung auch der herrlichsten Taten, wenn es nur von Anfang bis zum Ende gut verwendet würde; aber wenn es sich in üppigem Schlendrian verflüchtigt, wenn es keinem edlen

Streben geweiht wird, dann merken wir erst unter dem Drucke der letzten Not, daß es vorüber ist, ohne daß wir auf sein Vorwärtsrücken achtgegeben haben. So ist es: nicht das Leben, das wir empfangen, ist kurz, nein, wir machen es dazu; wir sind nicht zu kurz gekommen; wir sind vielmehr zu verschwenderisch. Wie großer fürstlicher Reichtum in der Hand eines nichtsnutzigen Besitzers, an den er gelangt ist, sich im Augenblick in alle Winde zerstreut, während ein, wenn auch nur mäßiges Vermögen in der Hand eines guten Hüters durch die Art, wie er damit verfährt, sich mehrt, so bietet unser Leben dem, der richtig damit umzugehen weiß, einen weiten Spielraum.

2. Was klagen wir über die Natur? Sie hat sich gütig erwiesen: das Leben ist lang, wenn man es recht zu brauchen weiß. Aber den einen hält unersättliche Habsucht in ihren Banden gefangen, den anderen eine mühevolle Geschäftigkeit, die an nutzlose Aufgaben verschwendet wird; der eine geht ganz in den Freuden des Bacchus auf, der andere dämmert in trägem Stumpfsinn dahin; den einen plagt der Ehrgeiz, der immer von dem Urteil anderer abhängt, den anderen treibt der gewinnsuchende, rastlose Handelsgeist durch alle Länder, durch alle Meere; manche hält der Kriegsdienst in seinem Bann; sie denken an nichts anderes, als wie sie anderen Gefahren bereiten oder ihnen selbst drohende Gefahren abwehren können; manche läßt der undankbare Herrendienst sich in freiwilliger Knechtschaft aufreiben; viele kommen nicht los von dem Glücke anderer oder von der Klage über ihre eigene Lage; die meisten jagt mangels jeden festen Zieles ihre unstäte,

schwankende, auch sich selbst mißfällige Leichtfertigkeit zu immer neuen Entwürfen. Manche wollen von einer sicher gerichteten Lebensbahn überhaupt nichts wissen, sondern lassen sich vom Schicksal in einem Zustand der Schwäche und Schlaffheit überraschen, so daß ich nicht zweifle an der Wahrheit des Wortes jenes erhabenen Dichters, das wie ein Orakelspruch klingt:

»Ein kleiner Teil des Lebens nur ist wahres Leben«;

der ganze übrige Teil ist nicht Leben, ist bloße Zeit. Von allen Seiten drängt und stürmt das Unheil an und läßt nicht zu, daß man den Blick erhebe zur Betrachtung der Wahrheit, drückt die Menschen vielmehr in die Tiefe und fesselt sie an die Begierden. Niemals wird es ihnen möglich, zu sich selbst zu kommen, und tritt zufällig etwa einmal eine Pause ein, dann schwanken sie hin und her wie das tiefe Meer, das auch nach dem Sturm noch in Bewegung ist; kurz, niemals lassen ihre Begierden sie in Ruhe. Und meinst du etwa, ich spräche nur von denen, über deren beklagenswerte Lage alle einig sind? Blicke hin auf jene, die allgemein als Glückskinder angestaunt werden: sie ersticken an ihrem eigenen Glücke. Wie vielen wird der Reichtum zur Last! Wie vielen raubt das Rednergeschäft und das tägliche Verlangen, ihr Talent leuchten zu lassen, die wahre Lebenskraft! Wie viele bieten infolge des unaufhörlichen Sinnengenusses den Anblick von wandelnden Leichen! Wie vielen läßt die sich drängende Klientenschar keinen freien Augenblick! Kurz, gehe sie alle durch vom Niedrigsten bis zum Höchsten: Der eine sucht einen Anwalt, der andere stellt sich ihm zur Verfügung; der eine ist in Gefahr, der andere übernimmt die Verteidigung; wieder ein anderer fällt das Urteil; keiner sichert sich sein Recht über sich selbst; der eine verzehrt sich im Dienst für den anderen. Frage nach jenen Stützen der Gesellschaft, deren Namen auswendig gelernt werden, du wirst sehen, man unterscheidet sie nach folgenden Merkmalen: der eine dient diesem, der andere jenem, keiner sich selbst. Ganz sinnlos ist demnach die Entrüstung so mancher: sie klagen über den Hochmut der Höherstehenden, weil diese für den zudringlichen Besucher keine Zeit gehabt haben! Darf sich irgend jemand herausnehmen, über den Stolz eines anderen zu klagen, der für sich selbst niemals Zeit hat? Jener hat dir unbedeutendem Gesellen doch irgend einmal einen Blick gegönnt, wenn auch einen noch so hochfahrenden, er hat sein Ohr zu deinem Anliegen herabgelassen; du aber hast dich nie für wert gehalten, einen Blick in dich zu tun, auf dich selbst zu hören. Diese deine Dienstbeflissenheit gibt dir also keinen Anspruch auf Beachtung von seiten irgend jemandes; denn als du sie ausübtest, lag dem nicht die Absicht einer Verbindung mit dem anderen zu Grunde, sondern nur das Unvermögen, dir selber anzugehören.

3. Mögen auch die glänzenden Geister aller Zeiten über diese Tatsache in Übereinstimmung sein, so werden sie sich doch niemals genug wundern können über diese geistige Finsternis der Menschen. Ihre Landgüter lassen sie von niemand in Beschlag nehmen, und beim geringsten Streit über die Feldmark rennen sie nach Waffen; was aber ihr eigenes Leben betrifft, so lassen sie andere in dasselbe eingreifen; ja nicht genug damit, sie bemühen

sich sogar darum, andere zu Herren und Besitzern ihres Lebens zu machen. Es findet sich keiner, der sein Geld austeilen möchte; sein Leben dagegen, unter wie viele verteilt es ein jeder! Ihr Vermögen zusammen zu halten, sind sie immer eifrig beflissen; handelt es sich aber um Zeitverlust, so zeigen sie sich als die größten Verschwender da, wo der Geiz die einzige Gelegenheit hat, in ehrbarer Gestalt aufzutreten. Greifen wir also aus der Masse der Höherbetagten irgend einen heraus: »Wir sehen, du bist an der äußersten Grenze menschlichen Lebens angelangt; hundert Jahre oder mehr noch lasten auf dir. Wohlan, überschlage dein Leben und gib Rechenschaft davon. Berechne, wieviel dir davon der Gläubiger, wieviel die Geliebte, wieviel der Angeklagte, wieviel der Klient entzogen hat, wieviel der eheliche Hader, wieviel die Sklavenzucht, wieviel das dienstbeflissene Umherrennen in den Straßen der Stadt; nimm dazu die selbstverschuldeten Krankheiten und was unbenutzt liegen blieb, so wirst du sehen: die Zahl deiner Jahre ist geringer, als du annimmst. Frage dein Gedächtnis, wenn du einmal deiner Sache wirklich sicher gewesen bist, wie wenige Tage deiner Absicht gemäß verlaufen sind, wie selten du mit dir selbst Umgang gepflogen, wie selten du dein wahres Gesicht gezeigt, wie oft dein Gemüt verzagt hat; frage dich, was du in dieser langen Lebenszeit tatsächlich geleistet, wieviel dir von deinem Leben durch andere weggenommen worden, ohne daß du den Verlust gewahr wurdest, wieviel dir vergebliche Trauer, törichte Freude, unersättliche Begierde, der Reiz der Geselligkeit Zeit geraubt, wie wenig dir von dem Deinigen geblieben – und du wirst einsehen, daß du stirbst, ehe du reif bist.«

Wie steht's also damit? Ihr lebt, als würdet ihr immer leben; niemals werdet ihr eurer Gebrechlichkeit euch bewußt; ihr habt nicht acht darauf, wieviel Zeit bereits vorüber ist; ihr verschwendet sie, als wäre sie unerschöpflich, während inzwischen gerade der Tag, der irgend einem Menschen oder einer Sache zuliebe hingegeben wird, vielleicht der letzte ist. Ihr fürchtet alles, als wäret ihr nur sterblich; ihr begehrt alles, als wäret ihr auch unsterblich. Wie oft vernimmt man die Äußerung: »Mit dem fünfzigsten Jahre begebe ich mich in den Ruhestand, mit dem sechzigsten mach' ich mich frei von aller amtlichen Tätigkeit.« Und wer leistet dir Bürgschaft für ein längeres Leben? Wer soll den Dingen gerade den Lauf geben, den du ihnen bestimmst? Schämst du dich nicht, nur den Rest deines Lebens für dich zu behalten und dir für dein geistiges Wohl nur diejenige Zeit vorzubehalten, die sich zu nichts mehr verwenden läßt? Welche Verspätung, mit dem Leben anzufangen, wenn man aufhören muß! Was für eine Torheit, was für ein gedankenloses Übersehen der Sterblichkeit, auf das fünfzigste und sechzigste Jahr alle Heilspläne hinauszuschieben und es sich in den Kopf zu setzen, das Leben zu beginnen an dem Punkte, bis zu dem es nur wenige bringen.

4. Den mächtigsten und höchstgestellten Männern entfallen, wie du bemerken wirst, Äußerungen, in denen sie ihren Wunsch nach Ruhe kundgeben; sie preisen diese und geben ihr den Vorzug vor allen ihren Herrlichkeiten. Sie wünschen mitunter von ihrer Höhe, wenn es ohne Gefahr geschehen kann, herabzusteigen; denn mag auch

von außen keine Gefahr oder Erschütterung drohen, das Glück bricht in sich selbst zusammen.

Der selige Augustus, der sich mehr als sonst irgend einer der Gunst der Götter erfreute, hat nicht aufgehört, sich Ruhe zu erflehen. Keine Unterhaltung, in der er nicht darauf zurückkam, er hoffe auf Muße: mit diesem süßen, wenn auch falschen Trost, daß er endlich einmal sich selbst leben würde, suchte er sich seine Arbeitslast zu erleichtern. In einem an den Senat gerichteten Schreiben, in dem er versprach, daß seine Ruhe der Würde nicht entbehren und von seinem früheren Ruhm nicht abstechen werde, finde ich folgende Worte: »Alles das sind Dinge, die sich besser in der Wirklichkeit ausnehmen werden als in der Verheißung. Mich indes hat der lebhafte Wunsch nach dieser heiß ersehnten Zeit, da die Freude an der Wirklichkeit noch auf sich warten läßt, dazu vermocht, mir im voraus einiges Vergnügen zu sichern durch den süßen Zauber der Worte.« In so hohem Maße begehrenswert erschien ihm die Muße, daß er sie sich in Gedanken im voraus lebhaft vorstellte, da die Wirklichkeit sie ihm noch versagte. Er, der alles von sich allein abhängig wußte, der über das Schicksal von Menschen und Völkern entschied, dachte in freudigster Stimmung an den Tag, wo er seiner Erhabenheit ledig würde. Er hatte an sich erfahren, wieviel Schweiß jene über alle Länder strahlende Herrlichkeit kostete, wieviel verborgenen Kümmernissen sie als Deckmantel diente. Genötigt, erst gegen seine Mitbürger, sodann gegen seine Amtsgenossen, schließlich auch gegen seine Verwandten die Waffen entscheiden zu lassen, hat er zu Wasser und zu Lande blutige Kämpfe geführt; durch Mazedonien,

Sizilien, Ägypten, Syrien, Asien und fast an allen Küsten unter beständigen Kämpfen umhergetrieben, hat er die des Römermordens müden Legionen zur Verwendung für auswärtige Kriege bestimmt. Während er im Alpengebiet Ruhe schaffte und die Feinde bezwang, die sich mitten im Frieden in das Reich eindrängten, während er die Grenzen, sogar über den Rhein, über den Euphrat, über die Donau vorschob, wurden in Rom selbst die Dolche eines Murena, eines Caepio, Lepidus, Egnatius und anderer gegen ihn gewetzt. Noch war er den Nachstellungen nicht entgangen, da setzte seine Tochter und eine ganze Reihe adeliger Jünglinge, die durch sträflichen Umgang wie durch einen Eid an sie gefesselt waren, den bereits durch die Jahre geschwächten Herrscher in Schrekken, und Paulus und abermals ein an der Seite des Antonius Furcht erweckendes Weib. Diese Geschwüre hatte er mitsamt den Gliedern abgeschnitten; andere wuchsen nach. Wie ein durch Blutfülle beschwerter Körper ward er immer an irgendwelcher Stelle von einem Ausbruch heimgesucht. Daher wünschte er sich die Muße; in der Hoffnung und in dem Gedanken an sie beruhigten sich seine Arbeitssorgen; sie war der Wunsch dessen, der die Macht hatte, Wünsche zu erfüllen.

5. Marcus Cicero, hin- und hergeworfen zwischen Männern wie Catalina und Clodius, wie Pompejus und Crassus, die teils seine erklärten Feinde, teils zweideutige Freunde waren, während er mitsamt der Republik schwankte und sie vor dem Untergang zu bewahren suchte, schließlich bei Seite gedrückt, doch weder im Glück beruhigt noch gewappnet gegen das Unglück – wie

oft verwünscht er selbst sein Konsulat, das nicht ohne Grund, aber maßlos gepriesen wird! Wie kläglich äußert er sich in einem Brief an Atticus zu jener Zeit, wo Pompejus, der Vater, bereits überwunden war, der Sohn aber in Hispanien die Niederlage wieder gut zu machen suchte. »Was ich hier tue«, schreibt er, »fragst du? Ich weile in meinem Tusculanum, ein Halbfreier.« Daran schließen sich noch weitere Äußerungen, teils Weherufe über die vergangene Zeit, teils Klagen über die Gegenwart, teils verzweifelnde Hinweise auf die Zukunft. Einen Halbfreien nannte sich Cicero. Aber wahrlich, nie wird ein Weiser sich zu einer solchen Erniedrigung seines Namens hergeben, niemals wird er ein Halbfreier sein, er, der doch immer im Besitz der ungeschmälerten und vollen Freiheit ist, aller Bande ledig, sein eigener Herr und emporragend über die anderen. Denn was könnte den überragen, der über dem Schicksal steht?

6. M. Livius Drusus war ein tatkräftiger und leidenschaftlicher Mann. Er war es, der, sich stützend auf einen gewaltigen Anhang aus der Bevölkerung ganz Italiens, neue Gesetzanträge stellte und das Gracchische Unheil wieder aufleben ließ. Nicht hinreichend scharfen Blickes, um den Ausgang der Dinge zu überschauen, war er weder in der Lage, die Sache durchzuführen, noch stand es ihm frei, das einmal Begonnene liegen zu lassen. So verwünschte er denn, wie es heißt, sein von Beginn an ruheloses Leben, wie man sagt, mit folgenden Worten: »Ich bin der Einzige, der nicht einmal in seinen Knabenjahren jemals einen Feiertag gehabt hat.« Denn er hatte den Mut, noch als Unmündiger und mit der Prätexta Bekleideter

vor den Richtern als Anwalt von Angeklagten aufzutreten, und wußte auf dem Forum seinen Einfluß so wirksam geltend zu machen, daß er, wie bekannt, in mehreren Fällen den Richtern seinen Willen aufzwang. Wovon mochte ein so frühzeitiger Ehrgeiz sich abschrecken lassen? Kein Zweifel, eine so vorzeitige Krankheit mußte zum größten Unheil ausschlagen für ihn sowohl wie für den Staat. Zu spät also klagte er, es seien ihm keine Feiertage beschieden gewesen, da er von Kindheit auf ein Brausekopf und eine Plage für das Forum war. Man streitet darüber, ob er selbst Hand an sich gelegt; er stürzte nämlich plötzlich an einem Stich durch den Unterleib zusammen; manche lassen es dahingestellt, ob sein Tod ein freiwilliger war, niemand aber, daß er zur rechten Zeit eintrat.

Es wäre überflüssig, noch eine Anzahl anderer anzuführen, die, während sie alle anderen an Glück zu überstrahlen schienen, ihrerseits selbst sich ein vernichtendes Zeugnis ausstellten, indem sie mit Widerwillen auf ihr ganzes vergangenes Leben zurückblickten. Indes durch solche Klagen haben sie weder andere noch sich selbst geändert; denn sobald die Worte verflogen sind, setzen die alten Leidenschaften wieder mit ihrem Spiele ein. Wahrhaftig, euer Leben, mag es auch tausend Jahre überschreiten, wird doch auf eine Winzigkeit zusammenschrumpfen; jenem Unwesen werden die Jahrhunderte der Reihe nach zum Opfer fallen; diejenige Zeitspanne aber, die trotz des raschen Naturverlaufes durch die Vernunft erweitert wird, muß euch allerdings rasch verfliegen; ihr ergreift sie ja nicht, haltet sie nicht fest und zwingt diese schnellste Läuferin nicht zum Stillstand, sondern laßt sie dahingehen wie etwas Überflüssiges und leicht Ersetzbares.

7. Vor allem rechne ich hierher auch diejenigen, die für nichts Zeit haben, als für Wein und Wollust; denn es gibt keine angebliche Beschäftigung, die ehrloser wäre als diese. Die anderen, mag auch nur das Trugbild des Ruhmes es sein, in dessen Bann sie stehen, haben bei ihren Verirrungen doch noch einen gewissen Schein für sich: Verweise mich auf Habgierige oder Jähzornige oder auf Männer, die ohne gerechten Grund hassen oder Krieg führen – sie alle können für ihre Fehler sich doch noch auf eine gewisse Männlichkeit berufen; aber wer sich an den Bauchesdienst oder die Wollust wegwirft, der bedeckt sich mit untilgbarer Schande. Prüfe nur im einzelnen genau die Art, wie sie ihre Zeit verwenden, sieh ihnen zu, wie lange sie rechnen, wie lange sie über ihren Anschlägen brüten und auf der Lauer liegen, wie lange sie Bücklinge vor anderen machen oder andere nötigen, dies vor ihnen zu tun, wieviel Zeit ihnen ihre eigenen oder fremde Bürgschaften wegnehmen, wie viel ihre Gelage, in denen sie ja längst schon ihren eigentlichen Beruf sehen, und du wirst begreifen, daß ihre eigenen Laster oder vermeintlichen Güter sie überhaupt nicht zu Atem kommen lassen.

Es herrscht schließlich allgemeine Übereinstimmung darüber, daß ein derartig in Beschlag genommener Mensch untauglich ist für irgendwelche ernstliche Beschäftigung, für das Studium der Beredsamkeit und der höheren Wissensfächer; denn sein zerstreuter Geist nimmt nichts tief in sich auf, sondern gibt alles, als wäre es eingezwängt, wieder von sich. Auf alles andere versteht sich ein so in Beschlag genommener Mensch besser, als auf die Kunst zu leben: es gibt keine Kunst, die schwerer zu erlernen wäre. Lehrmeister für andere Künste finden sich allenthalben und zwar in großer Zahl; in einigen dieser Künste zeigten sich sogar schon Knaben dermaßen bewandert, daß sie bereits als Lehrer auftreten könnten; aber leben zu lernen, dazu gehört das ganze Leben, und, was du vielleicht noch wunderbarer finden wirst, sein Leben lang muß man sterben lernen. Viele hervorragende Männer haben unter Beseitigung aller Hindernisse und unter Verzicht auf Reichtum, Amtstätigkeit und Vergnügungen bis in das höchste Alter all ihr Bemühen einzig darauf gerichtet, leben zu lernen. Doch ist die Mehrzahl derselben mit dem Geständnis aus dem Leben geschieden, noch hätten sie es nicht zu dieser Kenntnis gebracht. Wie sollten also jene anderen sich darauf verstehen! Es gehört, glaube mir, ein großer und über menschliches Irrsal erhabener Mann dazu, nichts von seiner Zeit umkommen zu lassen, und sein Leben ist aus dem Grunde das längste, weil es in seiner ganzen Ausdehnung ihm selbst zur Verfügung stand. Nichts davon hat brach und unbenutzt gelegen, nichts hing von der Verfügung eines anderen ab; hat er doch nichts gefunden, was wert gewesen wäre, es mit seiner Zeit zu vertauschen, deren sparsamster Hüter er war. Und darum reichte sie für ihn aus, während sie jenen notwendig gefehlt haben muß, deren Leben zum großen Teil den öffentlichen Aufgaben gewidmet war. Und kein Zweifel: es werden jene dereinst sich des Schadens bewußt werden, den sie sich zugezogen; gar viele wenigstens von denen, die die Last großen Glükkes tragen, kann man mitten im Gedränge ihrer Klienten oder bei Ausübung ihrer Anwaltstätigkeit oder sonstiger armseliger Ehrenpflichten zuweilen ausrufen hören: »Es ist mir nicht vergönnt zu leben.« Warum sollte es nicht vergönnt sein? Alle jene, die deine Rechtshilfe in Anspruch nehmen, entziehen dich dir selbst. Jener Angeklagte, wieviele Tage hat er dir geraubt? Wieviele jener, der als Kandidat auftrat? Wieviele jenes alte Weib, das nicht genug Erben begraben kann? Wieviele jener, der sich krank stellte, um die Habsucht der Erbschleicher zu reizen? Wieviele jener an Macht euch überragende Freund, für den ihr nicht Freunde seid, sondern nur ein Mittel, mit euch zu prunken? Gehe sie alle durch, sage ich, und prüfe sie, die Tage deines Lebens, du wirst sehen: nur wenige, von anderen in Anspruch genommene Tage sind dir übrig geblieben. Wer es endlich zu den ersehnten Fasces (der Konsulatswürde) gebracht hat, wünscht sie wieder los zu sein und sagt einmal über das andere: »Wann wird dies Jahr zu Ende sein?« Ein anderer veranstaltet Spiele, die durch des Loses Entscheidung sich übertragen zu sehen er sich zu hoher Ehre angerechnet hatte; jetzt hört man ihn sagen: wann werde ich die Sache endlich los sein? Um einen anderen reißt man sich förmlich auf dem ganzen Forum, ihn zum Anwalt zu haben, und das Publikum drängt sich um ihn zusammen in einem Kreis, der weit über den Hörbereich hinausgeht: »Wann«, ruft er aus, »wird die Sache vertagt werden?« Es überstürzt ein jeder sein Leben, leidet an Sehnsucht nach der Zukunft und an Überdruß an der Gegenwart. Aber der, welcher keinen Augenblick vorübergehen läßt, ohne ihn zu seinem Heil zu verwenden, der jeden Tag so nützlich verwendet, als ob es der letzte wäre, erwartet den morgenden Tag weder mit Verlangen noch mit Furcht. Denn was für einen neuen Genuß könnte ihm denn irgend eine Stunde bringen? Alles ist ihm bekannt, alles gründlich durchgekostet. Was das übrige anlangt, so mag das Schicksal nach Belieben darüber entscheiden: sein Leben ist bereits in Sicherheit. Ein Zuwachs ist noch möglich, ein Abzug nicht, und mit dem Zuwachs steht es ähnlich wie bei einem bereits Gesättigten und Befriedigten, der noch einige Bissen dazu nimmt, nach denen er nicht verlangt, die er sich aber gefallen läßt. Die grauen Haare und die Runzeln geben dir also keinen hinlänglichen Grund zu glauben, es habe irgend einer lange gelebt: nicht lange gelebt hat er, er ist nur lange dagewesen. Denn wie? Meinst du etwa, es habe einer eine weite Seefahrt gemacht, den gleich nach Auslaufen aus dem Hafen ein wütender Sturm erfaßte, ihn hierhin und dorthin schleuderte und durch das Rasen der umspringenden Winde auf der nämlichen Meeresfläche immer im Kreise herumtrieb? Keine weite Seefahrt hat er gemacht; er ist nur vielfach hin und hergeworfen worden.

8. Ich wundere mich oft, wenn ich sehe, daß man andere bittet, uns ihre Zeit zu widmen, und daß die darum Ersuchten sich so überaus gefällig erweisen. Beide lassen sich bestimmen durch die Rücksicht auf das, was die Bitte um Zeit veranlaßte, keiner von beiden durch die Rücksicht auf die Zeit selbst: man bittet um sie, als wäre sie nichts; man gewährt sie, als wäre sie nichts. Mit dem allerkostbarsten Besitz geht man um wie mit einem Spielzeug. Die Täuschung kommt daher, daß die Zeit etwas

Unkörperliches ist und nicht mit den Augen wahrgenommen wird; daher die geringe Achtung, in der sie steht, ja ihre völlige Wertlosigkeit. Jahresgehälter und Geldzahlungen läßt man sich gern gefallen und vergilt sie durch seine Arbeit, seine Mühe, seinen Fleiß: die Zeit aber wird von niemand recht geschätzt; man vergeudet sie, als ob sie nichts wert wäre. Aber diese nämlichen Zeitverächter, betrachte sie nur, wenn sie krank sind, wenn die Todesgefahr näher rückt, wie sie die Kniee der Ärzte umfassen, und wie sie, wenn die Angst vor etwaiger Todesstrafe sie peinigt, bereit sind, all das Ihrige hinzugeben, um nur am Leben zu bleiben. So auffällige Widersprüche zeigen sich in ihren Seelenregungen. Könnte einem jeden die Zahl seiner künftigen Jahre ebenso genau vorgerechnet werden wie die vergangenen, wie würden diejenigen, die nur noch auf wenige Jahre Aussicht hätten, zittern, wie sparsam würden sie mit diesen wenigen umgehen! Und doch ist es leicht, etwas, dessen man ganz sicher ist, mag es auch noch so gering sein, richtig einzuteilen; weit größere Achtsamkeit erfordert die Behütung dessen, wovon man nicht weiß, wann es aufhöre. Gleichwohl darf man nicht glauben, sie wüßten überhaupt nicht, um was für eine kostbare Sache es sich handelt; pflegen sie doch zu denen, die ihrem Herzen am nächsten stehen, zu sagen, sie seien bereit, ihnen einen Teil ihrer Jahre zu schenken. Sie geben ohne rechtes Verständnis: was sie geben, ist für die Empfänger kein Gewinn, für sie selbst aber ein Verlust. Allein eben das, was dadurch herabgemindert wird, kennen sie nicht; sie empfinden den Schaden nicht, und darum ist ihnen der Verlust erträglich. Niemand wird dir die Jahre zurückbringen, niemand dich dir selbst wieder zurückgeben; deine Lebenszeit wird dem Anfang entsprechend dahingehen und ihren Lauf nicht rückgängig machen oder hemmen; sie wird sich nicht ungebärdig stellen, wird dich auf keine Weise an ihre Eile erinnern; ruhig wird sie dahinfließen; keines Königs Machtgebot, keine Volksgunst wird ihr zu einer Verlängerung verhelfen; ihrer anfänglichen Bestimmung gemäß wird sie ihren Lauf vollziehen, wird nirgends einkehren, nirgends verweilen. Worauf läuft's hinaus? Du bist immer mit Geschäften beladen, das Leben eilt; inzwischen wird der Tod sich einstellen, für den du Zeit haben mußt, du magst wollen oder nicht.

9. Kann es etwas geben, das zu mehr Mühsal führt als die Sinnesart der Menschen, derjenigen nämlich, die sich auf ihre Klugheit etwas zu gute tun? Sie belasten sich mit Geschäften, um besser leben zu können; auf Kosten des Lebens richten sie sich ihr Leben ein! Mit ihren Entwürfen greifen sie weit in die Zukunft. Ferner: der größte Verlust für das Leben ist die Verzögerung: sie entzieht uns immer gleich den ersten Tag, sie raubt uns die Gegenwart, während sie Fernliegendes in Aussicht stellt. Das größte Hemmnis des Lebens ist die Erwartung, die sich an das Morgen hängt und das Heute verloren gibt. Was in der Hand des Schicksals liegt, darüber verfügst du; was in der deinen liegt, das läßt du fahren. Wohin blickst du? Wonach streckst du die Arme aus? Alles, was da kommen soll, liegt im Ungewissen. Jetzt, auf der Stelle, erfasse das Leben! Auf! Es ruft dir der größte und wie von göttlichem Geist erfüllte Dichter den heilsamen Spruch zu:

Immer der beste der Tage
im Leben der Menschen, der armen,
Fliehet zuerst.

Das will sagen: »Was zögerst du, was zauderst du? Wenn du ihn nicht fassest, flieht er davon! Und hast du ihn gefaßt, so wird er dennoch entfliehen. Darum gilt es, die Schnelligkeit der Zeit im Wettkampf zu überwinden durch schleunigste Ausnutzung: wie aus einem reißenden Gießbach, der nicht immer fließt, muß man eiligst schöpfen. Auch darin trifft es der Dichter mit seinem Tadel des endlosen Zögerns sehr glücklich, daß er nicht sagt »immer das beste Lebensalter«, sondern »der beste Tag«. Was reihst du sorglos und gelassen gegenüber der raschen Flucht der Zeiten Monate und Jahre dir in endloser Folge aneinander, wie es deine Unersättlichkeit für gut befindet? Vom *Tage* spricht der Dichter mit dir, von diesem eben entfliehenden Tage selbst. Ist es also etwa zweifelhaft, daß gerade der beste Tag den armen, mit anderen Worten, den mit Geschäften belasteten Menschen zuerst entflieht? Sie sind noch kindisch, wenn das Greisenalter sie überrascht, in das sie unvorbereitet und ungerüstet eintreten. Denn von Vorsorge war nicht die Rede: plötzlich und ahnungslos sind sie hineingetaumelt, ohne daß sie merkten, daß es täglich näher rückte. Wie Unterhaltung oder Lektüre oder irgend ein fesselnder Gedanke Reisende täuscht, so daß sie eher ihre Ankunft gewahr werden als ihre Annäherung, so werden sich die mit Geschäften Belasteten dieser unaufhaltsamen und rasch verlaufenden Lebensweise, die wir wachend und schlafend gleichen Schrittes fortsetzen, nicht eher bewußt, als bis sie am Ende sind.

10. Wollte ich meine Behauptung durch zergliedernde Beweisführung stützen, so würden sich reichlich Belege dafür finden, daß das Leben der mit Geschäften Belasteten sehr kurz sei. Fabianus, der nicht zu den Kathederlehrern gehörte, sondern zu den echten und alten Philosophen, pflegte zu sagen: »Gegen die Leidenschaften muß man in kräftigem Ansturm kämpfen, nicht mit bedächtiger Behutsamkeit; nicht mit unmerklichen Wunden, sondern in vollem Anlauf muß die Feindesschar zurückgewiesen werden; ein hänselndes Spiel taugt nichts, denn der Feind muß zerschmettert, nicht bloß gezupft werden.«

Indes, wenn man jenen Geschäftsmännern ihren Irrtum zu Gemüte führt, muß man sie belehren, nicht bloß beklagen. In drei Zeiten teilt sich das Leben: Vergangenheit, Gegenwart, Zukunft. Von ihnen ist die, in der wir stehen, kurz, die, welche uns bevorsteht, zweifelhaft, die wir hinter uns haben, gewiß, denn sie ist es, an welche das Schicksal sein Anrecht verloren hat und die keines Menschen Wille rückgängig machen kann. Diese Zeit ist für die Geschäftsmänner verloren; haben sie doch keine Zeit, in die Vergangenheit zurückzublicken, und findet sich einmal die Zeit, so ist die Erinnerung wenig angenehm, denn es handelt sich um eine bereuenswerte Sache. Nur mit Widerstreben lenken sie also ihre Aufmerksamkeit zurück auf Zeiten verfehlten Lebens und wagen nicht, das wieder anzurühren, dessen Verfehlungen, auch wenn sie durch einen gewissen augenblicklichen Lustreiz uns abgestohlen wurden, durch Wiederauffrischung nur um so sichtlicher werden. Niemand läßt sich gern wieder auf die Vergangenheit ein, außer dem, der alle seine Handlungen der strengsten und nie sich täuschenden

Selbstprüfung unterwarf. Wer sich vielfach mit ehrgeizigen Plänen getragen, wer sich als stolzen Verächter, als übermütigen Sieger, als schlauen Betrüger, als habgierigen Räuber, als leichtsinnigen Verschwender erwiesen hat, der scheut notwendig den Rückblick auf seine eigene Vergangenheit. Und doch ist über diesen Teil unserer Zeit die Weihe des himmlischen Friedens gebreitet; ist er doch allen menschlichen Zufällen entrückt und der Herrschaft des Schicksals entzogen, gesichert vor Mangel, vor Furcht, vor Krankheitsanfällen; er kann nicht gestört, uns nicht entrissen werden; sein Besitz ist dauernd und frei von jedem Angstgefühl. Der Gegenwart gehört nur immer ein Tag um den anderen und auch dieser nur von Augenblick zu Augenblick; aber die Tage der Vergangenheit werden auf euer Geheiß sich euch sämtlich zur Verfügung stellen und sich nach eurem Belieben betrachten und festhalten lassen, wozu die Geschäftsmänner keine Zeit haben. Ein sorgenfreies und ruhiges Gemüt kann abwechselnd bald diesen, bald jenen Teil seines Lebens durchlaufen; die Seelen der Geschäftsmänner sind gleichsam durch ein Joch gehemmt, sie können sich nicht wenden und rückwärts schauen. So sinkt das Leben in den Abgrund, und du magst zuschütten, so viel du nur willst: es hilfst nichts, wenn kein Untergrund da ist, der es auffängt und festhält. So mögen dir die Lebensjahre auch noch so reichlich gewährt werden: wenn sie keinen festen Widerhalt haben, so finden sie durch die gelockerten und durchlöcherten Seelen ihren Ausweg. Die Gegenwart ist nur ganz kurz, so kurz, daß sie manchen wie ein Nichts erscheint; sie eilt immer weiter, fließt dahin und kommt nicht zur Ruhe; sie hört eher auf, als sie kam, und duldet ebensowenig einen Verzug wie das Weltall oder die Gestirne, deren rastlose Bewegung niemals auf demselben Punkte innehält. Nur die Gegenwart also gehört den Geschäftsmännern, sie, die so kurz ist, daß man sie nicht fassen kann, und selbst diese entzieht sich ihnen infolge des zerstreuenden Vielerlei ihrer Tätigkeit.

11. Willst du schließlich wissen, wie kurz ihre Lebenszeit ist? Nun, so sieh zu, auf wie lange Lebenszeit ihre Wünsche gerichtet sind. Hinfällige Greise betteln mit Gelübden um einen Zusatz von wenigen Jahren; sie stellen sich selbst als jünger hin, schmeicheln sich selbst mit der Lüge und betrügen sich selbst mit so freudigem Eifer, als ob sie damit zugleich auch dem Schicksal ein Schnippchen schlügen. Und wenn irgend welcher Schwächeanfall sie an ihre Sterblichkeit mahnt, wie zittern sie da vor dem Tode, nicht, als träten sie aus dem Leben aus, sondern als würden sie mit Gewalt daraus entfernt. Toren seien sie gewesen, die kein wirkliches Leben geführt hätten – so jammern sie –, und wenn sie diese Krankheit überständen, dann wollten sie in Muße leben; dann werden sie sich klar darüber, daß sie sich blindlings mit Dingen abgegeben haben, die ihnen keinen Nutzen bringen, und daß ihr ganzes Tun und Treiben ein nichtiges war. Aber wer sein Leben fern von aller unfreien Geschäftigkeit führt, warum sollte es dem nicht hinreichend ausgedehnt sein? Nichts davon wird in den Dienst anderer gestellt, nichts dahin und dorthin verstreut, nichts davon dem Schicksal anheimgegeben, nichts geht durch Nachlässigkeit verloren, nichts wird durch Geschenke in Abzug gebracht, nichts ist überflüssig: es verzinst sich sozusagen

vollständig. Sei es also auch noch so kurz, es reicht doch reichlich aus, und darum wird der Weise, wann auch immer der letzte Tag kommt, nicht zögern, festen Schrittes in den Tod zu gehen.

12. Vielleicht fragst du, was ich eigentlich unter Geschäftsmännern verstehe? Glaube nicht, daß ich damit bloß die meine, die sich erst ganz zuletzt durch die auf sie gehetzten Hunde aus der Gerichtshalle verscheuchen lassen, und die du entweder inmitten einer großen Anhängerschar in eindrucksvollerer, oder, von den Gegnern gefolgt, in minder glänzender Weise sich entfernen siehst, oder bloß die, die ihre Dienstbeflissenheit ihrer Behausung entführt, um an fremden Türen anzuklopfen, oder die, die sich abplagen mit dem staatlichen Versteigerungsgeschäft, das ihnen schandbaren und mitunter für sie verhängnisvollen Gewinn in Aussicht stellt. Gibt es doch auch Leute, die in einer mit Geschäften beladenen Muße leben. Auf ihrem Landgut oder ihrem Ruhebett, mitten in der Einsamkeit, werden sie sich selbst zur Last, obschon sie sich von aller öffentlichen Tätigkeit zurückgezogen haben. Ihr Leben kann man kein der Muße geweihtes nennen; es ist vielmehr nur ein geschäftiger Müßiggang. Nennst du den einen geschäftsfreien, der Muße pflegenden Mann, der seine korinthischen Vasen, diese durch den Wahnsinn der wenigen Liebhaber im Preise so hoch hinangetriebenen Schaustücke, mit peinlichster Sorgfalt instand hält und seine meiste Zeit auf die verrosteten Metallblättchen verwendet? der auf dem Ringplatz (denn, Schande über Schande! dieser Unfug, an dem wir leiden, ist nicht römischen Ursprungs) als Zuschauer ringender

Knaben seinen Sitz einnimmt? der die Herden seiner Zugtiere nach Alter und Farbe in Paare einteilt? der sich die Athleten neuester Mode hält? Wie? Nennst du der Muße ergeben die, welche stundenlang in der Barbier- und Friseurstube zubringen, wo sie sich den Bartwuchs der letzten Nacht abnehmen lassen, wo über jedes Härchen Rat gehalten, wo jede Verschiebung des Haares ausgeglichen oder bloßgelegte kahle Stellen durch Streichen der Haare nach vorn zu wieder zugedeckt werden? Wie brausen sie gereizt auf, wenn der Barbier sich etwas gehen läßt in dem Wahn, es sei ein *Mann*, den er unter der Schere habe! Wie entrüstet sind sie, wenn ein Büschelchen aus ihrer Mähne aus Versehen abgeschnitten ist, wenn die Anordnung auch nur das Geringste vermissen läßt, wenn nicht alles in Ringeln fällt, wie sich's gehört! Gibt es unter diesen Müßiggängern auch nur einen, der nicht lieber den Staat in Unordnung sähe als sein Haupthaar? der sich nicht mehr Sorge machte um das tadellose Aussehen seines Kopfes als um dessen rechte innere Beschaffenheit? der nicht lieber modisch aufgeputzt als brav und tüchtig sein möchte? Diese Leute nennst du der Muße ergeben, deren ganze Tätigkeit zwischen Kamm und Spiegel geteilt ist? Wie steht es mit denen, deren Tätigkeit im Anfertigen, im Auswendiglernen von Liederchen besteht, wobei sie der Stimme, deren natürlicher Gang bei aller Einfachheit so eindrucksvoll schön ist, die gewundensten Modulationen zumuten? deren Finger den Takt zu irgend einem Liede abmessend immer gleichsam einen Klang von sich geben, und die, wenn sie zu ernsten, nicht selten auch zu traurigen Dingen zugezogen werden, die Beratung immer mit einer leisen Melodie begleiten? Was sie haben, ist nicht Muße, sondern geschäftiger Müßiggang.

Bei solchen Leuten möchte ich wahrhaftig selbst ihre Gastmähler nicht als freie Zeiten gelten lassen, angesichts der peinlichen Sorgfalt, mit der sie ihr Silber ordnen, angesichts der Genauigkeit, mit der sie das Untergewand ihrer Lotterbuben aufschürzen, angesichts auch der Spannung, mit der sie darauf achten, wie der Wildschweinbraten dem Koch geraten ist, wie rasch die Kastraten auf das gegebene Zeichen auf ihren Posten eilen, mit welcher Kunst das Geflügel in nicht zu große Stücke zerlegt wird, wie aufmerksam die bedauernswerten Buben den Auswurf der Betrunkenen abwischen. Damit setzen sie sich in den Ruf feiner und gehobener Lebensart, und ihre Untugenden folgen ihnen in ihre geheimsten Lebenslagen, so daß sie weder trinken noch essen, ohne ihrem Ehrgeiz zu fröhnen.

Auch die möchte ich nicht unter die der Muße Ergebenen zählen, die sich in Tragsesseln oder Sänften nach dieser oder jener Stelle hinbefördern lassen und die Stunde zu ihrer Spaziertour kaum erwarten können, als wäre jede Abweichung verpönt; diese Leute, die eines anderen bedürfen, um sich mahnen zu lassen, wann sie sich baden sollen, wann schwimmen, wann speisen. Der Verfall ihrer geistigen Kraft infolge dieser alles Maß übersteigenden Verweichlichung geht also soweit, daß sie durch sich selbst nicht wissen können, ob sie hungrig sind! Ich weiß von einem dieser Lüstlinge – wenn noch von Lust die Rede sein kann bei einem, der verlernt, was die tägliche Gewohnheit für den Menschen mit sich bringt – daß er, als er auf Händen aus dem Bad getragen und auf den Tragsessel gesetzt worden war, die Frage tat: »Sitze ich auch schon?« Dieser Mensch, der nicht wußte, ob er sitze, glaubst du, daß er wisse, ob er lebe, ob er sehe, ob er der Muße ergeben sei? Es ist nicht leicht zu sagen, was man mehr bedauern müßte: ob er das nicht gewußt hat, oder ob er sich nur stellte, als wisse er es nicht. Oft liegt bei solchen Leuten wirkliche Vergeßlichkeit vor; oft aber ist es auch nur Nachäfferei. Gewisse Untugenden machen ihnen Vergnügen als eine Art Beweis ihres Glükkes. Es scheint ihnen gar zu platt und verächtlich, wenn ein Mensch weiß, was er tue. Lasse man sich nicht weismachen, die Mimen wären es, die durch ihre trügerischen Übertreibungen die Genußsucht verächtlich machten! Nein, wahrlich, sie übergehen mehr, als sie in ihrer Darstellung vorbringen, und die Menge unglaublicher Laster hat sich in diesem Jahrhundert, das nur nach diesem einzigen Ziel hin erfinderisch ist, dermaßen gesteigert, daß wir den Mimen bereits vorwerfen können, sie gingen hierin nicht weit genug. Wie? Sollte es wirklich einen geben, der dermaßen in Genußsucht erstickt ist, daß er erst einem anderen glaubt, er sitze wirklich? Er ist mitnichten ein der Muße Ergebener; er verdient einen anderen Namen: krank ist er, oder vielmehr so gut wie tot; wer der Muße ergeben ist, der hat auch noch Gefühl für seine Muße. Dieser Halblebende aber, der eines anzeigenden Gehilfen bedarf zur Erkenntnis seiner eigenen körperlichen Zustände, wie kann der irgendwie Herr sein über seine eigene Zeit?

13. Es wäre reine Zeitverschwendung, wollte ich im einzelnen die ganze Reihe derer aufführen, die ihr Leben

vertan haben im Brettspiel oder Würfelspiel, oder mit der Sorge, ihren Körper von der Sonne durchkochen zu lassen. Die sind nicht der Muße ergeben, deren Vergnügungen viele Vorbereitungen nötig machen. Denn was die betrifft, die sich unfruchtbaren literarischen Studien hingeben, so herrscht wohl kein Zweifel, daß dies nur geschäftiges Nichtstun ist; die Schar dieser Leute ist auch bei den Römern schon ziemlich groß. Es war ein krankhaftes Bestreben der Griechen, zu untersuchen, wie viele Ruderknechte Ulixes gehabt habe, was früher abgefaßt sei, die Ilias oder die Odyssee, überdies, ob der Verfasser beider der nämliche sei, und noch manches andere dieser Art, das, wenn man es bei sich behält, als stiller geistiger Besitz uns nichts hilft, oder, wenn man es veröffentlicht, uns mehr lästig als gelehrt erscheinen läßt. Ein Jammer, daß auch die Römer die eitele Sucht ergriffen hat, sich mit überflüssigem Lernstoff zu belasten. Dieser Tage erst hörte ich einen Vortrag über das Thema: »Was haben einzelne römische Heerführer zuerst Neues eingeführt?« Duilius war der erste, der in einer Seeschlacht siegte, Curius Dentatus der erste, der Elefanten im Triumph aufführte. Diese Mitteilungen besagen zwar nichts für den Ruhm; immerhin aber bieten sie doch Beispiele von Leistungen unserer Mitbürger: Nutzen darf man sich von solchem Wissen nicht versprechen; doch fesselt uns der Glanz dieser an sich nichtigen Dinge. Auch die Forschung darüber wollen wir gern gelten lassen, wer die Römer zuerst dazu vermocht hat, ein Schiff zu besteigen – das war Claudius, der eben deshalb Caudex genannt wurde, weil ein Gefüge mehrerer Bretter bei den Alten caudex (d. i. Baumstamm) genannt ward, woher denn die öffentlichen Gesetzestafeln ›codices‹ heißen, wie denn auch jetzt noch nach alter Gewohnheit die Schiffe, die auf dem Tiber die Zufuhr heranschaffen, codicariae genannt werden –; wohl mag auch das beachtenswert sein, daß Valerius Corvinus zuerst Messana bezwang und als erster in der Familie der Valerier durch Übertragung des Namens der bezwungenen Stadt auf ihn Messana genannt ward, ein Name, der sich allmählich im Volksmunde zu Messala umänderte. Aber soll auch das ein zulässiger Gegenstand der Untersuchung sein, daß L. Sulla zuerst im Zirkus Löwen, die man sonst nur gefesselt zu sehen bekam, frei umherspringen ließ, weil König Bocchus Wurfschützen gesandt hatte, sie zu erlegen? Immerhin mag auch dies verzeihlich sein. Aber läßt sich auch nur eine Spur von Entschuldigung dafür finden, daß Pompejus zuerst achtzehn Elefanten im Zirkus erscheinen ließ, denen unschuldige Menschen als Kampfesgegner preisgegeben wurden? Er, der erste Mann im Staate und unter den alten Größen, wie die Überlieferung besagt, durch besondere Güte ausgezeichnet, hielt es für eine denkwürdige Art von Schauspiel, Menschen der Vernichtung preiszugeben auf eine Art, wie sie noch nie dagewesen. »Sie ringen mit Einsetzen aller Kraft? Das genügt nicht. Sie werden zerfleischt? Das genügt nicht. Unter der Wucht gewaltiger Bestien sollen sie ihr Leben aushauchen.« Besser wäre es gewesen, die Sache der Vergessenheit anheimzugeben, damit nicht weiterhin einer der Mächtigen bei ihm in die Lehre ginge, indem er dies Beispiel an Unmenschlichkeit nachahmenswert fände! Ach! mit welcher Finsternis schlägt großes Glück des Menschen Geist! Er, Pompejus, hielt sich damals für ein Wesen höherer Art, als er eine solche Masse unglücklicher Menschen den einem anderen Himmelsstrich angehörenden Tierungeheuern preisgab, als er so ungleichartige Geschöpfe zum Kampf gegeneinander hetzte, als er das römische Volk zum Augenzeugen so vielen Blutvergießens machte, um es bald darauf zu zwingen, selbst noch mehr zu vergießen. Doch weiterhin mußte er sich, ein Opfer des Alexandrinischen Treubruchs, durch das Schwert eines elenden Sklaven umbringen lassen, jetzt endlich zu der Einsicht gelangt, welch eiteles Spiel er mit seinem Beinamen (der Große) getrieben.

Doch ich kehre nun, nach dieser Unterbrechung, zu meinem eigentlichen Vorhaben zurück; es gilt, nach der nämlichen Seite hin den Forschungseifer gewisser Leute als entbehrlich zu kennzeichnen. In seinem Vortrag erzählte jener Gelehrte, Metellus, der Sieger über die Punier in Sizilien, sei der einzige unter allen Römern gewesen, der hundertundzwanzig Elefanten bei seinem Triumphe vor seinem Wagen habe herziehen lassen; Sulla sei der letzte unter den Römern gewesen, der den freien Raum längs der Stadtmauer hin (pomerium) erweitert habe, ein Verfahren, das in früheren Zeiten niemals bei Zuwachs einer Provinz, sondern nur nach Erwerb italischen Bodens statthatte. Diese Kenntnis ist immerhin noch wichtiger als die, daß der Aventinhügel außerhalb des Pomeriums liege, wie jener versicherte, und zwar aus einem von zwei Gründen, entweder weil die Plebs (die niedere Volksmasse) vor Zeiten dahin ausgezogen war, oder weil bei des Remus Auspizien die Vögel ihre Beistimmung nicht kundgegeben hätten. Dazu noch unzählige andere Dinge, die entweder rein erlogen oder einer Lüge ähnlich sind. Denn gesetzt auch, sie berichtete alles in gutem Glauben, ja sie verbürgten sich für die Wahrheit, wem werden sie zur Abkehr von seinen Verkehrtheiten verhelfen? Wessen begehrliche Leidenschaften werden sie bändigen? Wen werden sie tapferer, wen gerechter, wen edeler machen? Unser Fabianus pflegte zuweilen zu fragen, ob es nicht besser wäre, sich überhaupt nicht auf Studien einzulassen, als sich in dieses Gestrüpp zu begeben.

14. Der Muße wirklich ergeben sind überhaupt nur die, die ihre Zeit der Weisheit widmen; denn sie allein führen ein wirkliches Leben; sind sie doch nicht nur gewissenhafte Hüter ihrer eigenen Lebenszeit, sondern fügen auch den gesamten Zeitverlauf ihrem Leben hinzu; alles Schaffen vorvergangener Jahre ist ein Erwerb auch für sie. Wir müßten denn ganz undankbar sein, oder jene hochberühmten Pfadfinder heiliger Weisheit sind für uns geboren, haben uns den Weg zum Leben gewiesen. Zu den herrlichsten Schätzen, die durch die Bemühungen anderer aus der Finsternis ans Licht gezogen sind, werden wir geführt; kein Zeitalter ist uns verschlossen, zu allen haben wir Zutritt, und wenn wir im Geistesflug uns über die Schranken menschlicher Schwachheit erheben wollen, so öffnen sich uns lange Zeiträume, die wir durchwandern können. Wir können mit Sokrates Zwiesprache führen, können mit Carneades zweifeln, mit Epikur der Ruhe pflegen, mit den Stoikern die menschliche Natur überwinden, mit den Zynikern über sie hinausgehen. Da die Natur uns mit jedem Zeitalter in Gemeinschaft treten läßt, warum sollten wir uns nicht von dieser beschränkten und hinfälligen Vergänglichkeit mit ganzer Seele zu

dem erheben, was unendlich, was ewig ist, was wir mit edleren Wesen gemein haben? Jene, die dienstbeflissen bald dahin bald dorthin eilen, die sich und anderen keine Ruhe lassen, wie steht es mit ihnen? Wenn sie an Tollheit das Menschenmögliche geleistet, wenn sie täglich an aller Türschwellen sich eingestellt und an keiner offenen Tür vorübergegangen sind, wenn sie in den verschiedensten Häusern ihre bezahlte Aufwartung gemacht haben, wie gering wird die Zahl derer sein, die sie in der unermeßlichen und durch die mannigfachsten Leidenschaften in Atem gehaltenen Stadt überhaupt nur zu sehen bekommen! Wie groß wird die Zahl derer sein, die ihnen den Eintritt verweigern, sei es, weil sie noch schlafen oder schwelgen oder kein menschliches Rühren fühlen! Wie groß auch die Zahl derer, die, nachdem sie sie lange mit Warten gequält haben, vorgeblich dringender Geschäfte wegen sie stehen lassen und forteilen. Wie viele werden es vermeiden, den mit Klienten dicht besetzten Vorraum zum Ausgehen zu benutzen, und durch verborgene Nebenausgänge ins Freie entweichen, als ob es nicht beleidigender wäre, die Menschen zu täuschen als abzuweisen. Viele dieser Besuchsempfänger, noch schlaftrunken vom gestrigen Rausche und dunstigen Kopfes, wie werden sie diesen Fehlgängern, die den eigenen Schlaf unterbrechen, um geduldig den anderer abzuwarten, die Begrüßung erwidern? Sie werden den ihnen tausendmal leise zugeflüsterten Namen verächtlich gähnend wiederholen. Dagegen können wir denen wahre Pflichttreue nachrühmen, die Tag für Tag den Zeno, den Pythagoras und den Demokrit sowie die übrigen Wegweiser in den höheren Wissensgebieten, ferner den Aristoteles und Theophrast zu ihren vertrautesten Freunden haben wollen. Keiner von ihnen wird sich ihnen versagen; keiner wird den zu ihm Kommenden entlassen, ohne ihn glücklicher und zu seinem wärmeren Freund gemacht zu haben; keiner wird irgend einen mit leeren Händen von sich weggehen lassen, gleichviel ob des Nachts oder am Tage – jedermann kann sie immer besuchen.

15. Von ihnen wird keiner dich zu sterben zwingen, aber alle werden es dich lehren; von ihnen wird keiner dir deine Jahre zu nichte machen, wohl aber die seinigen dir zugute kommen lassen. Von einer Unterhaltung mit ihnen brauchst du keine Gefahr zu befürchten; ihre Freundschaft ist nicht bedrohlich für dein Leben; die schuldige Aufmerksamkeit gegen sie verursacht dir keine Kosten. Was du willst, werden sie dir gewähren; sie werden alles tun, dir zur möglichst vollständigen Erlangung dessen zu verhelfen, was du einmal in Angriff genommen hast. Welches Glück, ein wie herrliches Alter erwartet den, der sich unter ihren Schutz gestellt hat! Mit ihnen kann er sich über die unbedeutendsten ebensowohl wie über die wichtigsten Dinge verständigen; sie kann er täglich zu Rate ziehen; von ihnen kann er die Wahrheit hören ohne jede Demütigung, Lob erhalten ohne Schmeichelei; nach ihrem Vorbild kann er sich selbst heranbilden. Wir pflegen zu sagen, die Wahl unserer Eltern stehe nicht in unserer Macht, der Zufall sei es, der sie den Menschen gebe. Nein! Die Verfügung über unser Dasein liegt in unserer eigenen Hand. Es gibt Familien der edelsten Geister: wähle, in welche du dich aufgenommen sehen willst; nicht etwa der Name nur wird auf dich übertragen werden, sondern

all das Gute selbst, was ihnen gehört, und das will nicht mit schmutzigem Eigennutz behütet sein, nein, es wird sich um so stärker vermehren, je größer die Zahl derer ist, die du daran teilnehmen läßt. Sie werden dir den Weg zur Ewigkeit weisen und dich emporheben zu jener Stelle, aus der niemand verdrängt werden kann. Das ist die einzige Möglichkeit, die Grenzen der Sterblichkeit zu erweitern, ja sie in Unsterblichkeit umzuwandeln. Ehrungen, Denkmale, alles, was dem Ehrgeiz huldigt, sei es in öffentlichen Anerkennungen, sei es in großartigen Werken der Kunst, ist raschem Verfalle preisgegeben; alles zerstört der Zahn der Zeit und läßt nichts unberührt. Aber dem, worauf die Weisheit ihr Siegel gedrückt hat, kann die Zeit nichts anhaben. Keine Flucht der Jahre wird es vertilgen, keine es mindern; jedes folgende und daran sich weiter anschließende Zeitalter wird zu seiner ehrfürchtigen Schätzung beitragen; denn was in der Nähe liegt, das ist dem Neide ausgesetzt; was in der Ferne liegt, das bewundern wir in voller Unbefangenheit. Das Leben des Weisen hat also einen weiten Spielraum; er sieht sich nicht eingeschlossen in die engeren Grenzen der übrigen Menschen, er erhebt sich über die dem Menschengeschlecht gesetzten Schranken, er macht sich alle Jahrhunderte dienstbar gleich einem Gott. Laß eine Zeit vorüber sein: er umspannt sie mit seiner Erinnerung; laß sie gegenwärtig sein: er nutzt sie aus; laß sie zukünftig sein: er macht sie im voraus sich zu eigen. Die Zusammenfassung aller Zeiten macht ihm das Leben lang.

16. Dagegen ist das Leben derer sehr kurz und sorgenvoll, die das Vergangene vergessen, die Gegenwart verträumen

und vor der Zukunft Angst haben; sind sie ans Ende gekommen, so sehen sie, diese Bedauernswerten, zu spät ein, daß sie so lange beschäftigt gewesen sind, ohne doch etwas zu tun. Und man halte es nicht für einen Beweis langen Lebens, wenn sie mitunter den Tod herbeirufen; es ist ihr Unverstand, der sie mit launenhaften Neigungen und Stimmungen peinigt, die gerade auf das zuführen, was sie fürchten: sie wünschen sich den Tod oft eben deshalb, weil sie ihn fürchten, Auch darin darf man keinen Beweis sehen wollen für ihr langes Leben, daß ihnen oft der Tag lang wird und daß sie namentlich über langsamen Stundengang klagen, bis die festgesetzte Mittagszeit eintritt; denn nehmen die Geschäfte sie nicht mehr in Anspruch und sind sie auf die Muße angewiesen, so geraten sie in einen ganz haltlosen Zustand und wissen nicht, wie sie darüber verfügen oder wie sie es damit zu Ende bringen sollen; daher suchen sie nach irgend welcher Beschäftigung, und die ganze Zwischenzeit ist ihnen eine wahre Last, ganz ähnlich der Stimmung vor einem, auf einen bestimmten Tag angekündigten Gladiatorenspiel oder sonstigen Schauspiel oder Vergnügen: sie möchten über die dazwischen liegenden Tage am liebsten mit einem Sprunge hinübersein. Haben sie Sehnsucht nach irgend etwas, so wird ihnen jeder Aufschub zu lang; die Zeit dagegen, für die sie schwärmen, ist kurz, enteilt rasch und wird noch viel kürzer durch ihre eigene Schuld; denn sie flattern von einem zum anderen, und ihre Begehrlichkeit richtet sich nicht bloß auf *einen* Gegenstand. Nicht lang sind ihnen die Tage, sondern verhaßt; wie kurz dagegen erscheinen ihnen die Nächte, die sie in den Armen ihrer Dirnen oder beim Weine hinbringen. Daher auch der Wahnwitz der Dichter, die durch ihre Phantastereien die menschlichen Verirrungen nähren. Soll doch nach ihnen Jupiter, ganz hingerissen von der Lust am Beischlaf, die Nacht verdoppelt haben. Was heißt das anders, als unsere Laster zur Flamme entfachen, wenn man die Götter als Anstifter dafür hinstellt; was heißt es anders, als der Krankheit freien Lauf lassen unter Berufung auf das göttliche Vorbild? Müssen ihnen die Nächte nicht sehr kurz vorkommen, die sie so teuer erkaufen? Die Tage verlottern sie in Erwartung der Nacht, die Nacht in der Furcht vor dem Tage.

17. Ihre Genüsse selbst sind angsterfüllt und durch manche Schrecknisse beunruhigt, und gerade, wenn sie vor Lust sich nicht zu lassen wissen, beschleicht sie die unheimliche Besorgnis: »Wie lange wird es dauern?« Diese Stimmung hat Königen Tränen entlockt, und statt daß die Größe ihres Glückes für sie eine Quelle der Freude gewesen wäre, hat der Gedanke an das einst kommende Ende sie mit Schrecken erfüllt. Als der übermütige Perserkönig sein Beer in den weitgedehnten Gefilden sich zur Heerschau gruppieren ließ und nicht nach der Zahl, sondern nach dem Umfang das Ganze abmaß, vergoß er Tränen, daß in hundert Jahren von dieser ganzen jugendkräftigen Masse kein einziger mehr am Leben sein werde. Aber er selbst, der Weinende, war es, der im Begriff stand, sie dem Schicksal preiszugeben und die einen im Meere, die anderen zu Lande, die einen in der Schlacht, die anderen auf der Flucht umkommen zu lassen und sie, für die er seine Furcht auf hundert Jahre abmaß, innerhalb kurzer Zeit aufzureiben.

Und wie kommt's, daß auch ihre Freuden mit Angst gemischt sind? Es ruhen diese eben auf keinem festen Grunde, und dieselbe Nichtigkeit, der sie entstammen, stört sie auch in ihrem Bestand. Wie muß es aber wohl bei ihnen mit den Zeiten stehen, die nach ihrem eigenen Bekenntnis trübselig sind, da auch schon die gehobenen Stunden, in denen sie sich über das menschliche Los erhaben dünken, nicht frei von Schatten sind? Je größer das Gute ist, um so sorgenvoller ist es, und für keine Schicksalslage ist es weniger ratsam, Vertrauen zu hegen, als für die glücklichste. Um die Glückseligkeit zu schützen, bedarf es einer weiteren Glückseligkeit, und für die erfüllten Wünsche bedarf es neuer Wünsche. Denn alles, was wir dem Zufall verdanken, ist ohne Bestand, und je ansehnlicher die Höhe ist, zu der es sich erhebt, um so mehr neigt es zum Untergang. Nun aber hat niemand Freude an dem, was zu fallen droht. Nicht nur sehr kurz also, sondern auch höchst beklagenswert muß das Leben derer sein, die mit schwerer Anstrengung erwerben, was zu besitzen und zu behüten ihnen noch schwerere Mühe macht. Mühsam erringen sie, was sie wünschen; angstvoll halten sie fest, was sie errungen haben. Dabei lassen sie die nimmer wiederkehrende Zeit achtlos dahinschwinden. Neue Beschäftigungen lösen die alten ab, eine Hoffnung erweckt die andere, ein Ziel des Ehrgeizes wechselt mit dem anderen. Nicht dem Elend ein Ende zu machen ist man bestrebt, man sucht nur immer neue Anlässe dazu. Unsere Ehrenämter sind uns zur Qual geworden: noch mehr Zeit rauben uns die Ehrenämter anderer. Die Zeit liegt nun glücklich hinter uns, in der wir uns als Bewerber abmühten; was folgt nun? Es hebt die nicht weniger mühevolle Zeit an, in der wir als Empfehlende auftreten. Das beschwerliche Anklägergeschäft haben wir aufgegeben: dafür übernehmen wir nun das nicht minder beschwerliche Richteramt. Vom Richteramt hat man sich losgemacht: dafür ist man nun Untersuchungsleiter. Man ist grau geworden als bezahlter Verwalter der Güter anderer: der eigene Reichtum läßt einen nun nicht zur Ruhe kommen. Marius hat dem Kriegsdienst entsagt: nun quält ihn die Last des Konsulates. Quintius Cincinnatus möchte so rasch als möglich die Diktatur wieder los werden: nur zu bald wird man ihn von seinem Pfluge dazu abermals wieder abholen. Gegen die Punier wird, fast noch zu jung für ein so gewaltiges Unternehmen, Scipio zu Felde ziehen; er, der Überwinder Hannibals, der Überwinder des Antiochus, die Zierde seines eigenen Konsulates, der Bürge für das seines Bruders, würde seine Statue neben der des Jupiter aufgestellt gesehen haben, wenn er nicht Einspruch erhoben hätte: aber unseliger Bürgerzwist wird ihm, dem Retter, viel zu schaffen machen, und nachdem der Jüngling Ehren, die ihn den Göttern gleich machen, verschmäht hat, wird er als Greis stolz darauf sein, das Exil zu ertrotzen. Nie wird es an Anlässen zur Sorge fehlen, handle es sich um Glück oder um Unglück; das Leben wird ganz im lästigen Drang der Geschäfte dahinschwinden: zur Muße wird es niemals kommen, es wird beim ewigen Wunsche bleiben.

18. Also, mein lieber Paulinus, halte es nicht mit dem großen Haufen; ziehe dich endlich zurück in den stillen Hafen; du hast dich länger von den Wogen schütteln lassen, als es mit deinen hohen Jahren im Verhältnis steht.

Denke, wie oft du mit den Fluten gerungen, wie viele Stürme du teils im Privatleben bestanden teils im öffentlichen Leben über dich hast hereinbrechen sehen. Zur Genüge hat sich deine Tüchtigkeit in mühevollem und ruhelosem Ringen erprobt. Laß nun die Muße das Versuchsfeld sein für ihre Leistungsfähigkeit! Der größere Teil deiner Lebenszeit, wenigstens der bessere, mag dem Staate gewidmet gewesen sein; etwas von der dir gegönnten Zeit nimm auch für dich in Anspruch. Es ist keine träge und untätige Ruhe, zu der ich dich einlade. Du sollst den Schwung deiner lebhaften Geisteskraft nicht untergehen lassen in Schlaf und Lustbarkeiten, wie sie der große Haufe liebt: das heißt nicht der Ruhe pflegen. Du wirst Aufgaben finden, größer als alle Leistungen, die du bisher in strenger Pflichttreue vollzogen hast, Aufgaben, an deren Lösung du in sorgenloser Ruhe arbeiten kannst. Du regelst zwar die Finanzen des Reiches so uneigennützig, als gehörte dir nichts davon, so sorgfältig wie deine eigenen, so gewissenhaft, wie es das öffentliche Interesse erfordert. In einer amtlichen Tätigkeit, in der es schwer ist, dem Haß zu entgehen, erwirbst du dir Liebe; aber gleichwohl, glaube mir, ist es besser, mit dem Stande der Lebensrechnung vertraut zu sein als mit dem der staatlichen Getreiderechnungen. Deine frische Geisteskraft, die der größten Leistungen fähig ist, laß nun Abstand nehmen von dem zwar ehrenvollen, aber zu einem glücklichen Leben weitaus nicht ausreichenden Staatsdienst. Bedenke: du hast bei deiner, schon in so früher Jugend begonnenen Beschäftigung mit den Wissenschaften dir doch nicht das Ziel gesetzt, dir viele tausend Scheffel Getreide zu gewissenhafter Verwaltung anvertraut zu sehen: man durfte von dir etwas Größeres und Höheres erwarten. An Männern von haushälterischer Tüchtigkeit und unermüdlicher Arbeitsamkeit wird es nicht fehlen. Sind doch langsame Zugtiere weit geeigneter schwere Lasten zu schleppen als edle Rosse, deren stolze Regsamkeit wohl schwerlich je einer durch schwere Belastung gehemmt hat.

Bedenke ferner, mit welchen Sorgen du dich belädst, wenn du dich auch weiterhin zu diesem erdrückenden Dienste hergibst! Mit dem Magen der Leute hast du es zu tun. Hungert das Volk, so nimmt es keine Vernunft an, läßt sich durch keine Billigkeit beruhigen, ist jeder Bitte unzugänglich. Ganz vor kurzem erst in jenen Tagen, da C. Caesar (Caligula) umgebracht ward – der, wenn die Toten noch irgend welche Empfindung haben, sich über nichts mehr ärgert als darüber, daß er wußte, das ihn überlebende römische Volk habe nur noch für sieben, höchstens acht Tage Lebensmittel –, stellte sich, während er Schiffbrücken schlug und mit den Machtmitteln des Staates ein freventliches Spiel trieb, das auch für Belagerte entsetzlichste Übel ein: Mangel an Lebensmitteln; es fehlte nicht viel, so hätte die Nachäfferei des tollen ausländischen und zu seinem eigenen Verderben übermütigen Königs (Xerxes) zum Untergang und zur Hungersnot und deren unausbleiblicher Folge, dem allgemeinen Zusammenbruch, geführt. Wie mußte es damals den Männern zumute sein, die mit der Verwaltung der Getreidespeicher betraut waren! Mußten sie nicht gefaßt sein auf Steinwürfe, auf Schwert, auf Feuerbrände, auf Gaius (Caligula)? Mit höchster Verstellungskunst verbargen sie das im tiefsten Innern zurückgehaltene schwere Geheimnis, dabei natürlich aber mit gutem Grunde; denn manches muß man heilen, ohne die Kranken es wissen zu lassen: ist doch für so manchen gerade die Kenntnis seiner Krankheit die Ursache seines Todes geworden.

19. Suche deine Zuflucht nun bei dem, was ruhiger, was sicherer, was erhabener ist! Wenn du es deine Sorge sein läßt, das Getreide unbeeinträchtigt durch Betrug oder Nachlässigkeit der Geleitenden in die Speicher zu bringen, wenn du es vor verderblicher Feuchtigkeit und daraus entstehender Hitze bewahrst, wenn du streng auf richtiges Maß und Gewicht hältst, kannst du das etwa gleichstellen der Beschäftigung mit den heiligen und erhabenen Aufgaben wissenschaftlicher Forschung, wo es gilt, Fragen zu lösen wie diese: Wie steht es in bezug auf die Gottheit mit ihrem Stoff, mit ihrer Lust, mit ihrem Zustand, mit ihrer Gestalt? Welches Schicksal steht deiner Seele bevor? Welchen Platz wird uns die Natur nach dem Abscheiden aus dem Körper anweisen? Was ist es, was gerade die schwersten Bestandteile der Welt an die Mitte gefesselt hält, während es das Leichte nach oben schweben läßt, zuoberst das Feuer stellt und den Gestirnen den Trieb zu ihren wechselnden Stellungen gibt? Und wie steht's mit den übrigen zahllosen Wundern der Welt? Ach, wolltest du doch, den Boden hinter dir lassend, dein geistiges Auge auf jene Dinge richten! Jetzt, solange das Blut noch warm ist, bei frischer Lebenskraft muß man sich dem Dienste des Höheren weihen. Machst du dies zu deinem Beruf, dann darfst du rechnen auf eine Fülle von herrlichen Kenntnissen, auf Liebe zur Tugend und auf ihre Betätigung, auf gründliche Verabschiedung aller Lei-

denschaften, auf sichere Kunde über Leben und Sterben, auf tiefe Seelenruhe.

Alle Geschäftsleute sind in einer beklagenswerten Lage; am beklagenswertesten aber ist die Lage derjenigen, die sich nicht einmal mit Geschäften für sich selbst abarbeiten: ihr Schlaf richtet sich nach dem Schlaf anderer, ihre Schrittführung nach dem Schritte anderer, ja, selbst in ihrem Lieben und Hassen, diesen freiesten aller Seelenregungen, sind sie ganz an den Befehl eines anderen gebunden. Wollen diese Leute wissen, wie kurz ihr Leben sei, so mögen sie nur daran denken, welch winziger Teil davon ihnen selbst gehört.

20. Siehst du also, daß sie schon oft das Ehrengewand hoher Beamten getragen haben, daß ihr Name auf dem Forum gefeiert ist, so laß jeden Neid fahren; ein Stück eigenen Lebens muß man drangeben, um dergleichen zu gewinnen. Um *ein* Jahr nach sich genannt zu sehen, müssen sie alle ihre Jahre drangeben. Manche schieden aus dem Leben, ehe sie den erstrebten Gipfel des Ehrgeizes erreichten, während sie all ihre Kraft dafür einsetzten. Manche, die durch tausend Unwürdigkeiten zur höchsten Würde emporgeklettert waren, beschlich der traurige Gedanke, sie hätten sich selbst abgemüht für eine Grabschrift. Manchen, die im höchsten Greisenalter sich mit neuen Plänen, hoffnungsvoll wie in der Jugend, trugen, versagte mitten in ihren großen und verwegenen Entwürfen die erlahmte Kraft. Ein Schubiak, der in hohen Jahren als Anwalt für elende Händelsucher nach dem Beifall der umstehenden, unverständigen Menge haschend plötzlich vom Schlage gerührt ward! Schande

über den, der, eher des Lebens als seines Tatendranges satt, mitten in seiner Geschäftstätigkeit zusammenbrach. Schande auch über den, der, mitten in der Abrechnung vom Tode überrascht, von den lange hingezogenen Erben verlacht ward. Ein Beispiel, das mir eben einfällt, kann ich nicht übergehen. Sextus Turannius war ein Mann von äußerster Gewissenhaftigkeit und dabei hochbetagt. Als er, schon ein Neunziger, von C. Caesar (Caligula) die Entlassung von der Stellung des Getreideverwalters ohne Ansuchen erhalten hatte, ließ er sich ins Bett bringen und von der umstehenden Dienerschaft beklagen, als wäre er gestorben. Das ganze Haus trauerte über den Ruhestand des hochbetagten Gebieters und ließ nicht eher ab von der Trauer, als bis ihm seine amtliche Tätigkeit wieder zurückgegeben war. Eine solche Lust also ist es, unter Geschäften zu sterben? So steht's mit der Sinnesart der meisten: ihre Gier nach Beschäftigung hält länger an als ihre Arbeitskraft; sie nehmen den Kampf mit der körperlichen Schwäche auf, die ihnen aus keinem anderen Grund schwer erscheint, als weil sie durch sie zur Ruhe verurteilt werden. Mit dem fünfzigsten Jahre hört dem Gesetze nach der Eintritt in den Kriegsdienst, mit dem sechzigsten der Eintritt in den Senat auf; die Menschen machen es sich selbst schwerer, zur Ruhe zu gelangen, als das Gesetz. Während sie so an sich und an anderen Raub begehen, sich einer dem anderen die Ruhe vergällen, sich gegenseitig unglücklich machen, verläuft das Leben inzwischen ohne Gewinn, ohne Freude, ohne jede geistige Förderung: niemand richtet die Augen auf den Tod, alle gefallen sie sich in weit aussehenden Entwürfen, manche treffen Verfügungen sogar über das, was über ihr Leben hinausliegt, über Grabdenkmäler von ungeheuren Abmessungen, über Stiftungen öffentlicher Anstalten, über Veranstaltungen an ihrem Scheiterhaufen und über prachtstrotzende Leichenbegängnisse. Aber wahrlich, ihre Bestattungen sollten, wie bei kleinen Kindern, zur Nachtzeit bei Fackelschein und Kerzenlicht vor sich gehen.